J'aurais voulu être éditeur

François Thuret

J'aurais voulu être éditeur

Postface de Claude Durand

Albin Michel

« Je vivrai de l'admiration du talent des autres, ce qui suffit amplement à occuper les loisirs d'un homme modeste et qui n'est point sot. »

Eugène Fromentin, *Dominique*.

« Ce que tu ne dis pas t'appartient ; ce que tu dis appartient à tes ennemis. »

Proverbe arabe.

Note de l'éditeur

Nous fûmes de ceux qui, à l'annonce de son départ mérité en retraite, sollicitèrent Ernest Vaujours de nous confier ses mémoires. Il déclina notre proposition mais, en contrepartie, nous fit déposer le manuscrit d'un jeune inconnu.

Après d'âpres discussions en comité de lecture, ce manuscrit non dépourvu de talent rejoignit la pile de ceux qu'il n'était pas question, à nos yeux, de publier, mais qu'il n'était pas non plus avisé de refuser explicitement de crainte qu'un confrère jugeât bon de l'éditer, transformant notre refus mal assuré en erreur patente.

La mort brutale, cet été, de notre confrère Vaujours, sitôt après avoir cessé son activité, nous a conduits à revenir sur notre décision et, par fidélité à son souvenir et à l'une de ses dernières volontés, à diffuser dans le public ce livre de François Thuret, peut-être celui-là même qu'il eût été amené à écrire à ses débuts si, par chance, notre commun métier ne lui avait autant souri.

Avertissement

Né avant l'appel du 18 Juin, je crois avoir lu mes premiers manuscrits pour le compte d'éditeurs lors du retour aux affaires du Général. Je me suis retiré des commandes de ma maison cinquante ans plus tard. Cet événement ordinaire, attendu, espéré, appréhendé, annoncé à maintes reprises dans notre étroit milieu, a suscité, de la part de confrères amis, des invites à rédiger mes mémoires. J'ai toujours pensé et dit que je ne le ferais pas : trop court, le temps qui reste pour faire redéfiler ce qui fut et ne sera plus ! Et le seul thème qui vaille à la rigueur consisterait, à mes yeux, à élucider les raisons qui ont fait que notre génération de professionnels du livre aura plutôt laissé le goût du lecteur à un plus médiocre niveau d'exigence que ce qu'il était avant elle.

Cette observation n'est pas étrangère à l'intérêt tantôt amusé, tantôt affligé ou indigné que j'ai pris à lire un court manuscrit que me confia un jour cet auteur qui cherchait, comme on dit, à faire son trou dans l'édition et qui renonça quelque temps après être venu m'interviewer. Coïncidence fâcheuse, à l'évidence.

Aux dernières nouvelles, après m'avoir recommandé de faire ce que bon me semblerait de ses pages, François Thuret s'est expatrié en Nouvelle-Guinée, en quête d'une des rares tribus à avoir encore échappé, sur cette planète, au règne de la notation et de la transmission écrites, cette congélation des mots qu'une haleine humaine a cessé d'attiédir pour couler dans l'oreille le doux poison d'une histoire.

Ernest Vaujours
Paris, décembre 2009

I

« J'aurais voulu être un artiste… »

Starmania
(paroles de Luc Plamondon)

Je suis entré dans l'édition en m'observant dans la vitrine d'un magasin de confection unisexe aux armes de Gianni Panacotta.

À cet âge, de dos, en tenue d'Adam, je faisais plutôt fille. Par-devant, le doute n'était plus permis. J'étais de dos, habillé moulant, devant les mannequins blêmes et efflanqués du maestro transalpin quand j'entendis souffler dans ma nuque :

– Envie d'essayer ?

L'homme aussi harnaché qu'une mule pontificale – ceinture d'un empan, baudrier, bracelets cloutés de bras et d'avant-bras – avait le cheveu mi-ras, assez peu fourni, qui laissait voir un crâne zébré çà et là de traces de ravaudages. Il dit s'appeler Jean-Jérôme, exercer comme photographe free-lance et déjà plutôt bien lancé, ayant exposé à Malmö, Pérouse et Valladolid, second grand prix aux Journées du cliché sur le vif de Carcassonne. Le temps de m'énumérer ses mérites et trophées, il m'avait pris le bras et conduit jusqu'à une Frégate d'un vert cœur de laitue à bord de laquelle, capote relevée, il devait écumer le quartier, et où j'embarquai, l'estomac légèrement soulevé par des odeurs mêlées d'Amsterdamer et d'after-shave que vinrent heureusement dissiper, le véhicule ayant pris de la vitesse, la circulation et ses gaz.

La femme influente par chez qui il devait faire un crochet obligé lui avait promis à l'essai un contrat de portraitiste attitré d'auteurs édités par ses soins. Germaine Dubois, née Rébecca Schwartz, était surnommée « l'Addition », autant pour son penchant à promettre des à-valoir mirobolants à des auteurs éberlués – mirages d'un soir d'ébriété partagée – que par le cri qu'elle poussait en fin de repas pour signifier à la salle entière du restaurant, en brandissant sa carte Visa, que, toute femme qu'elle était, c'était elle qui régalait tel critique en vue, tel juré de poids, tel écrivain vendeur à rafler à un confrère trop pingre pour le garder sous sa casaque.

La porte s'ouvrit sur un grand corvidé bleu-noir de la pointe des boots à la frange, celle-ci surplombant deux yeux qui riboulaient sous des sourcils non épilés, un nez froncé en permanence, comme subodorant des présences indésirables ou des conjurations embryonnaires, et une bouche groseille clappant à petits coups des baisers distanciés pour cause de mauvaise haleine. Jean-Jérôme me présenta au culot :

– Fernand. On ne fait que passer.

Je ne rectifiai pas le prénom, sidéré par le spectacle qui s'offrait à ma vue.

Un court vestibule était couvert du plancher au plafond de rayonnages où se tenaient, si serrés qu'on eût eu du mal à en extraire un seul, des éditions originales non coupées et des volumes ordinaires au dos si lisse qu'on devinait qu'aucune main n'en avait jamais maltraité la colle dans l'impatience de connaître la suite d'une histoire. Quelques vêtements de pluie jouxtaient l'inéluctable bouquet de pivoines d'un invité récent et une assiette à dessert remplie de petite monnaie, comme on en voit dans les toilettes des gares mais qui devait servir en l'occurrence à puiser de chiches pourboires à l'intention des livreurs et coursiers montant alternativement manuscrits sous papier kraft, services de presse, réserves régulières de Fernet-Branca, fleurs, chocolats, champagnes et grands crus venus rémunérer services, recommandations, interventions et bonnes paroles en tout genre.

L'ample salon, type profession libérale, était meublé restauration, moins pour l'époque que pour le nombre de meubles refaits si souventes fois – liftés, eût-on pu dire – que seuls les pieds paraissaient d'origine. Des poufs dessinaient comme un archipel où s'asseyaient en tailleur les plus jeunes, une demi-douzaine de fauteuils branlants réservant leur dossier concave aux fessiers généreux et aux reins souffreteux des réputations établies. Une cheminée en stuc imitant Carrare supportait quatre clichés de la maîtresse de céans, l'un avec un ancien secrétaire d'État aux Beaux-Arts radical-socialiste, un autre à la Fête de *L'Huma* embrassant le secrétaire général du Parti, un troisième baisant l'anneau du saint-père, un dernier la montrant enlacée à la Libération par un jeune fiancé devant un char de la 2e D.B. En quelque quarante ans, elle n'avait guère changé, sauf que la même physionomie avait triplé de volume, comme l'image de la même jeune femme renvoyée par les miroirs déformants de la foire du Trône.

À passer en revue le cercle d'invités rassemblés ce soir-là autour de la matrone, j'eus tôt fait de comprendre qu'il s'agissait moins d'un clan ou d'une tribu que d'une clientèle, chacun étant là pour remercier de quelque faveur ou attendre son renouvellement. Outre

Jean-Jérôme qui se fit rabrouer pour avoir sorti un Micromax de sa poche de poitrine et l'avoir brandi sous le nez de Germaine Dubois, croyant lui être agréable – « Laisse ma gueule et occupe-toi de ta queue ! » –, outre l'espèce de corneille qui nous avait accueillis et se révéla être la chroniqueuse la plus redoutée et donc la plus courtisée de la capitale – née à Mazamet à l'ombre de l'hospice-mouroir tenu par les sœurs de la Sainte-Agonie, de cette basse extraction elle faisait une arme pour dénoncer comme des attaques de classe toute critique visant celles qu'elle-même distribuait d'abondance à son entour et au-delà –, il y avait là le courriériste déjà fin saoul de l'hebdo bobo d'un fabricant de lavabos, une fameuse réalisatrice télé capable de rater la énième version des *Trois Mousquetaires* mais pratiquant un dumping tel en matière de budget qu'elle trustait les classiques du répertoire, remplissant à elle seule pour plusieurs années le cahier des charges du service public, à la rubrique émissions culturelles, avec le concours de Germaine, rebouteuse de ses adaptations et de ses dialogues de style texto, « dépanthéonisés », se targuait-elle ; il y avait une jurée helvète d'un des principaux prix d'automne, la voix rouillée par le tabac, les yeux perpétuellement en larmes comme si le déclin de ses tirages l'affligeait davantage d'année en année ; un ancien ministre si haut de taille que dans ce grand corps languide toute l'énergie du jeune arriviste de jadis semblait s'être diluée au point de le laisser incapable de finir une phrase, que ce fût dans la rédaction inachevée de ses mémoires ou dans les échanges mondains qu'il suivait d'un œil rond, la lippe pendante, comme s'il se fût trouvé dans quelque colloque de mollahs disséquant les hadiths du côté de l'antique Persépolis. De temps à autre, Germaine lui adressait un affectueux « N'est-ce pas, Gontran ? » qui faisait s'épanouir l'ex-ministre des Loisirs et de l'Expression personnelle, pas encore revenu d'avoir eu à s'occuper de ses compatriotes désoccupés, mais se renfrogner la jurée helvète, jaune de jalousie, que la critique aile de corbeau s'évertuait alors à consoler en lui expédiant une rafale de petits bécots sonores, de ses lèvres étirées comme pour traire un tétin.

Complétait l'aréopage une sorte de bouddha replet de face et rebondi du bedon, mais à la poitrine cave et aux membres fluets, que Germaine présentait invariablement en termes qui paraissaient mettre l'intéressé au bord de l'orgasme :

– Doudou adore l'Afrique où il n'a jamais mis les pieds. Il serait capable d'écrire un guide de Tananarive ou de Ouagadougou avec toutes les impasses où choper la chtouille dans les bordels en torchis. Il n'a pas son pareil pour sortir des histoires : un vrai distributeur automatique. Il les dicte. Je lui prête l'assistante de la secrétaire de ma collaboratrice, Suzy. Quand il a une panne, elle le suce et il repart comme en quarante. Bien sûr, comme il n'a pas de mémoire, ça donne à la fin un vrai merdier : la fille a le double de l'âge de la mère, et le géniteur décapité au combat reparaît comme Jonas recraché du ventre de la baleine. Total : il faut tailler, rafistoler, recoudre – mais il y a des gens pour ça. Ceux-là, Suzy aurait beau les pomper, il n'en sortirait rien.

Le bouddha africanophile poussait à chaque phrase un petit barrissement qui paraissait témoigner d'une réelle satisfaction. Il faut dire que son « merdier », comme disait Germaine, lui avait déjà rapporté une demi-douzaine de prix parmi les plus lucratifs.

De temps à autre, d'un téléphone situé dans le bureau voisin jaillissait une sonnerie qu'on eût dit d'alarme, à crever les tympans, et Germaine se levait sans hâte, en bougonnant, pour un échange tantôt sec – « Rappelle-moi », « Demain matin », « Je suis pas là » –, tantôt plus circonstancié, dont les invités ne perdaient pas une miette et qu'un préposé aux écoutes de la DGSE eût pu sténotyper comme suit :

« Désolée, c'est non… Si, si, c'est bon, très bon, même, mais un peu mauvais aussi, et voilà : c'est non… Moi, si, j'aime, mais Jean-David trouve pas… Bien sûr qu'il est con, enfin, un peu con… Mais pas tout à fait :

un patron n'est jamais vraiment con… Sauf les héritiers… D'accord, Jean-David est un héritier, mais il a pas hérité de la connerie de son père… Oui, il est con, mais autrement, à sa manière… De toute façon, c'est non, fais pas chier… C'est pour ton bien, mon chéri… C'est toi qu'es con… Si tu veux, j'en parle à Carpaccio, chez eux ils publient que de la merde… Mais non, je veux pas dire que t'as écrit de la merde, je dis qu'à côté de ce qu'ils fourguent au public, t'es génial… Qu'est-ce que tu as mal entendu ?… Génial, oui… Moi aussi, je t'aime, mon chéri… Non, j'ai dit génial, mais pas assez pour nous… Bien sûr que je l'ai lu, jusqu'à la page cent… Si c'est mieux après, t'avais qu'à couper les cent premières… Oh, et puis tu m'emmerdes et tu n'as jamais écrit que de la sous-merde… D'accord, moi non plus… C'est ça, va te faire voir… Fini, je te dis, fi-ni… Oui, je lirai le prochain si tu me fais le plaisir de mettre celui-ci aux chiottes… Bien sûr que j'ai raison… C'est ça, saoule-toi la gueule… »

Puis elle revenait au salon en titubant et marmonnant comme si elle poursuivait pour elle-même la communication.

Ce soir-là, après qu'elle eut déversé un reste de mauvaise humeur en distribuant à chacun son paquet d'un ton rogue, rappelant les obligations qu'il avait contractées vis-à-vis d'elle, l'alourdissement de ses paupières et l'épaississement de sa langue annoncèrent le rituel auquel tous, sauf moi, étaient accoutumés : elle se levait d'un bloc et, jambes écartées comme sur le pont d'un bateau par gros temps, ou pour éviter des flaques jalonnant le trajet menant à sa chambre, elle disparaissait jusqu'au petit jour qui la revoyait pimpante, véloce et plus entreprenante que jamais.

Cette fois, avant de se retirer, son regard d'alligator se posa sur moi, feignant de me découvrir :

– C'est qui, celui-là ?

– Fer… non, François, un ami, balbutia Jean-Jérôme, le photographe qui m'avait dragué, en complétant à tout hasard : Il écrit des vers.

– Des vers ! s'insurgea l'Addition. Triple buse, t'as déjà vu la poésie nourrir son homme…

– … avant que les vers ne s'en repaissent ? gouailla l'ancien ministre avec un rire qui demeura sans écho.

– Tout le monde n'est pas Fernand Gregh, persifla la jurée helvète en se rongeant un ongle.

– Ou sheik Mahmoud Bakongo, mâchonna le bouddha assoupi en rouvrant un œil.

– Tous des cons ! pesta Germaine, puis, pour couper court : T'as une gueule de philosophe. Passe me voir demain au bureau à dix heures.

J'échappai aux assiduités de Jean-Jérôme en invoquant comme à l'ordinaire ma mère malade (laquelle se portait comme un charme à respirer l'air des cimes autour des tapis verts de Thonon-les-Bains) et mon grand frère commissaire (aux comptes, mais le mot seul suffisait à dissuader les amateurs de chair fraîche de prolonger l'aventure).

Le photographe poussa néanmoins l'amabilité jusqu'à me déposer en Frégate au métro Pompe où j'avais dit habiter. Je n'eus plus qu'à prendre un des derniers métros pour gagner notre pavillon meulière du Pré-Saint-Gervais.

II

Si je n'étais point étonné que Germaine Dubois eût lu sur ma figure un don que je ne me connaissais pas mais dont j'avais bon espoir de découvrir l'étendue à l'issue du rendez-vous qu'elle m'avait fixé aux Presses du Lendemain, c'est que, tout au long de ma jeune vie, je m'étais senti protégé. Quoi que je fisse de répréhensible ou de haïssable, toujours je m'étais trouvé entouré d'un halo d'indulgence ou d'impunité. Une puissance tutélaire déversait sur moi des attendus gorgés de circonstances atténuantes. De hautes ou riches personnalités croisées par pur hasard me prenaient en affection et m'appelaient par mon petit nom. On eût dit qu'une loge secrète m'avait élu dès avant ma naissance comme son futur dignitaire, à l'instar du prochain dalaï-lama pressenti par les Tibétains parmi la progéniture d'une quelconque famille. Mon grand-père avait cru aux aurores rougeoyantes et chantantes promises par Marcel

Cachin ; lassé d'attendre le Grand Soir, mon père, lui, avait dérivé au gré des changements de propriétaires de son quotidien matinal, jusqu'à épouser successivement les vues, au demeurant peu dissemblables, d'un industriel de la laine, d'un propriétaire de chevaux de course, d'un avionneur et d'un géant mondial des travaux publics. Quant à moi, enfant d'une génération portant le deuil des utopies collectives, je n'avais d'autre issue que de me croire prédestiné.

Parvenu sur place avec dix bonnes minutes d'avance, je faillis rater, tant elle était banale et étroite, la porte de mon avenir. Les Presses du Lendemain : à lui seul, ce nom m'enflammait ! Le siège donnait sur la courte rue des Capucins, dans l'arrondissement qui tenait encore lieu de réserve naturelle aux professionnels du livre, par un couloir pas assez large pour laisser passer de front un auteur refusé venu récupérer son manuscrit et son homologue, encore empli d'espoir, venu déposer le sien. Sous l'inscription « Bureaux au fond de la cour », une sobre plaque prévenait, comme chez les dentistes : « Uniquement sur rendez-vous », puis, en caractères plus menus : « Les ouvrages non acceptés sont tenus à disposition pendant un mois, puis détruits. » J'appris ainsi d'emblée qu'un contrôleur de gestion, bientôt imité de la plupart de ses confrères, avait estimé un jour que recevoir le travail d'un inconnu était déjà lui rendre un signalé service, l'ouvrir et y jeter un coup d'œil, un inestimable cadeau ; si, non content de le lui refuser par une lettre stéréotypée, il fallait encore en affranchir le renvoi, c'était la faillite assurée. Comme le disait déjà avec une solide sagesse un ponte de la profession : « S'il faut perdre son temps et son argent avec les livres qu'on ne publie pas, il n'en restera plus pour ceux qu'on publie. »

Sur le côté gauche de la cour se dressait un appentis où s'entassaient des poubelles aux couvercles soulevés par des matous espiègles ou affamés, d'où s'échappaient, mêlées aux remugles de reliefs culinaires, des liasses de feuilles volantes dont un esprit vulnérable pouvait appréhender l'origine. Au-dessus, une pancarte indiquait laconiquement « Les Éditions » ; un auteur facétieux ou dépité avait tourné la pointe de la flèche vers le bas.

Au fond, une porte aux vitres dépolies ouvrait sur une salle d'attente et un guichet à hygiaphone par le crible duquel parvenaient les bouffées d'un capiteux arôme moyen-oriental. Il devait émaner de la créature pulpeuse à la chevelure de feu qui, derrière la cloison de plexiglas, exhibait deux demi-seins d'une blancheur d'entremets vanillés. Responsable de l'accueil et standardiste, assistante sociale à sa façon, Roxane répondait au téléphone avec une voix d'hôtesse de l'air annonçant une zone de fortes turbulences.

– C'est pour qui ? s'enquit-elle.

– Mme Dubois. J'ai rendez-vous.

Elle poussa un gros soupir, comme une star sur le retour obligée de répéter pour la énième fois la même scène.

– J'ai rien de marqué. Vous êtes sûr ? Son assistante m'a rien dit. Je pense d'ailleurs qu'elle est pas arrivée. Elle est très occupée. Je vais voir.

Elle me fit gentiment signe de m'installer sur une des deux banquettes d'un jaune pisseux qui meublaient l'entrée.

– Elle est en réunion, me dit Roxane après avoir raccroché. Il faut attendre.

Et, à l'aide d'un petit pinceau aux allures de goupillon, elle entreprit de passer sur les cils de son œil gauche le mascara dont elle avait déjà charbonné le droit.

Fanés, jaunis, empoussiérés, couvertures écornées, décollées, rebiquées, quelques spécimens de la production donnaient à lire, sur des rayonnages, avec leurs bandeaux de traviole, des haïkus d'une cocasserie involontaire : « Prune Duverger, *Les Fruits du désir* – Un premier roman à croquer » ; « Nicoletta Ferrari, *La Fonceuse* – La reine de l'autofiction lâche les freins » ; « Miroslav Tarass, *Écran total* – Sociologie des minorités visibles dans l'audiovisuel de 1981 à nos jours » ;

plus bas, on pouvait découvrir : « Micheline Chambre, *Poupées gonflables* – L'explosion du consumérisme sexuel dans les sociétés postindustrielles », « Fabrizio Canelloni, *L'Art nouille dans l'architecture piémontaise* » ; mais aussi « Dr Bernard Lingérant, *Tous victimes !* – Pourquoi tant de haine ? »... C'est vers ce dernier volume que je tendais le bras quand Roxane, compatissante, me lança derrière son écumoire à paroles :

– Attention, vous allez vous salir les mains !

– Vous pensez que j'en ai encore pour longtemps à attendre ?

– Il arrive que Germaine oublie les rendez-vous qu'elle a donnés la veille au soir, mais je vais redemander.

La réunion touchait à sa fin, lui dit-on, ce qu'elle me répéta en saluant d'un sourire à tout-va l'entrée d'un homme à la quarantaine grisonnante et clairsemée, en costume pied-de-poule, cravate de tricot et chaussures bicolores. Il avait les épaules tombantes, le bras gauche étiré par un cartable d'écolier, l'autre par un épais magazine de golf d'un format trop généreux pour entrer dans un sac quelconque, l'air accablé par la vacuité de la journée à venir ou par un destin qui lui avait valu de venir au monde, faute de mieux. Sans un regard vers sa droite ou vers sa gauche, comme s'il se fût trouvé continuer d'enfiler un interminable couloir le conduisant dans une dense pénombre de la naissance à la mort, il fonça droit vers l'escalier menant à l'étage, trébuchant sur la première marche en ravalant un mot que sa mère avait dû lui interdire de jamais prononcer.

– C'est le nouveau DG, dit Roxane que son goût pour la prononciation anglo-saxonne faisait volontiers confondre « directeur général » et « disc-jockey ». C'est le gendre de l'avant-dernier Premier ministre. Du coup, on a eu ses mémoires. Mais ils ont fait un flop, à cause du scandale des rétrocommissions. Maintenant, on redoute un tome deux. Sans être indiscrète, vous êtes le fils de qui ? Ici, tout le monde est le quelque chose de quelqu'un. Tous les recalés au bac parmi les rejetons du Tout-Paris ont toujours une chance de faire au moins un stage dans l'édition.

– J'ai eu mon bac philo, mais sans mention, dis-je à tout hasard, histoire de jouer profil bas.

Roxane décrocha tout en hochant la tête d'un air contristé.

– Oui, monsieur. Pour vous, elle est toujours là. Vous ne la dérangez jamais. Je vous la passe.

Elle prit une houppette dans son poudrier et s'en tamponna le nez et le haut des joues.

– On étouffe, dans cet aquarium. C'était Mangetout, il fait jamais moins de cent mille, sans les clubs. On le bichonne.

Ma brève carrière aux Presses du Lendemain devait me convaincre que le tableau sociologique de l'entreprise tel que me l'avait esquissé Roxane depuis sa cage de verre du rez-de-chaussée négligeait, du fait de cette coupure et de sa situation en quelque sorte frontalière, un net clivage de classes, l'existence d'une basse couche exploitée que les cadres appelaient paternellement le « petit personnel ». Chacun, à son poste, du magasinier à l'assistante, échappait à l'aliénation ambiante en se donnant l'illusion d'avoir de l'ascendant sur l'autre, entre services et au sein d'un même service, d'être en somme le porte-voix et le donneur d'ordres en lieu et place d'un supérieur le plus souvent occupé ailleurs à empocher un deuxième, voire un troisième salaire. Eux, les sans-grades, à défaut de gagner plus, travaillaient à se donner de l'importance, comme ces larbins de grande maison dont toutes les phrases commencent par : « Monsieur pense comme moi que… »

Leur échéaient certes quelques miettes d'avantages en nature : communications personnelles gratuites, gommes et crayons pour la rentrée des classes, un peu de coulage dans les services de presse fourgués aux soldeurs de la place, bouquets, petits-fours, fonds de champagne récupérés à l'issue de vins d'honneur et de buffets fêtant un prix, une décoration, le départ en retraite d'un vieil emballeur en blouse grise. Sans compter le surplus de bouteilles de côtes-du-rhône ou de fillettes de cognac restant après les envois de Nouvel An aux jurés fidèles, aux agents redoutés, aux critiques amis, aux auteurs à plus de cinquante mille exemplaires (une Saint-Sylvestre sans ce cadeau rituel suscitait, chez les uns et les autres, perplexité, rage ou désespoir à l'idée qu'ils pussent avoir été disgraciés ou simplement omis). Autant de modestes présents souvent recyclés à leur tour en guise d'étrennes autour de soi, tant il est vrai que les cadeaux d'amis peuvent aussi bien faire d'excellents cadeaux à d'autres amis. Rien de comparable en valeur, néanmoins, avec le commerce de tirages de luxe et la soustraction de lettres d'auteurs du fonds qu'on retrouvait à Drouot ou dans les catalogues des marchands d'autographes, bonis subreptices du clan dirigeant.

– J'envoie dans les cinq mille lettres par an, me dit Roxane en passant sa petite langue rose sur le bord gommé d'une enveloppe. Comme ce sont les mêmes manuscrits qui vont dans Paris d'une maison à l'autre, elles devraient toutes s'entendre pour créer un bureau des refus, ça ferait de sacrées économies. C'est toujours la même rengaine : « En dépit de son indéniable intérêt et de ses mérites singuliers, votre ouvrage ne nous paraît pas devoir entrer dans nos collections... » Et mes fesses, elles entrent dans leurs collections ? Si les gens savaient ce qu'on s'en tape, des collections ! Pourquoi ne pas leur dire tout crûment : « Nous n'avons pas estimé utile de perdre notre temps à ouvrir votre envoi. Si d'aventure vos pages avaient les moindres qualités, vous manquez, vous, de la plus nécessaire : vous êtes inconnu. Le jour où vous passerez tous les samedis à la télé, où vous aurez tué votre amant dans sa combinaison de plongée sous-marine, remporté le Marathon international du handicap ou écrit votre premier roman à cent un ans, revenez nous voir ! On ne vous lira pas davantage, mais on vous prendra ! »

– Cent un ans, j'espère bien y arriver, mais ça risque d'être mon cinquante et unième roman, fit une voix d'une diction affectée de professeur de lycée expliquant *Polyeucte* à des ados criblés d'acné.

Je crus bien reconnaître les intonations avant de dévisager le nouveau venu qui, d'une main gantée de beurre-frais, ôtait son couvre-chef à larges bords, découvrant un visage poupin d'un rose à peine ridé où pétillaient des yeux mobiles, perpétuellement en quête d'un public sur qui dérouler traits d'esprit ou paroles savantes comme des serpentins de fête, ou de quelque jeune interlocuteur à impressionner, voire plus si affinités.

– Roxane, mon amie, prévenez la Germaine que je viens déposer le dur fruit de ma peine, fit-il en détachant bien les hémistiches d'un petit clappement de langue.

On le devinait capable de faire tout un sonnet d'une envie de pisser.

– Mme Dubois arrive de suite, monsieur Viroflet.

De fait, Germaine déboula comme si le feu avait pris dans les étages, haletant dès les dernières marches :

– Ah, mon chéri, te voilà ! J'allais t'appeler…

– C'est moi qui vous ai appelée déjà trois fois depuis hier matin, sans succès, ma chère. Bon, comme dit Pyrrhus : « Me cherchiez-vous, madame ? Un espoir si charmant me serait-il permis… ? »

– C'est cette imbécile de Suzy. Elle n'a plus sa tête depuis que j'ai fait relever son indice. Je vais la renvoyer.

– Gardez-vous-en, ma chère, Suzy est un trésor. Elle ment à votre place et accepte de se faire engueuler pour toutes les promesses que vous ne tenez pas. Vous ne trouverez jamais mieux.

C'est alors que je me rappelai où je l'avais déjà entendu citer Racine. La scène datait de quelques semaines. Je m'étais laissé entraîner dans une boîte à travestis de la rue des Poulettes pour finir de noyer mon double échec à Sciences Po et à l'École supérieure de commerce, concours auxquels j'avais postulé sans conviction pour proroger d'un an les maigres subsides que daignaient m'accorder en échange mes géniteurs. Une vieille folle en perruque poudrée de Femme savante, beurrée à l'asti spumante, alternait dans ses déclamations les tirades du répertoire, les commandes en forme d'épigramme, les déclarations à la Cyrano à l'adresse de la petite troupe d'éphèbes qui l'entouraient, gigolos en maillot de matelot, à la braguette gonflée par un mouchoir roulé en boule dans le slip. Nicoletta, la fille qui m'accompagnait et qui fêtait, elle, son admission à l'ENA, m'avait laissé échoué là, au mitan de la nuit, et c'est ainsi que je m'étais retrouvé amalgamé à la petite cour, d'où j'avais appris que Désiré Viroflet était un des pontes de la vie littéraire parisienne, qu'il occupait dans le quartier un appartement de cocotte où il recevait volontiers en tenue de soubrette, contraignant son maître d'hôtel abyssin à assumer son rôle et occuper sa place à table, et finissait volontiers la soirée entre les cuisses puissantes du docile géant. Par la suite, je devais apprendre que, nommé président à vie du prestigieux jury des Six, dont il était déjà le doyen d'âge mais où il avait brutalement cessé, on verra en quelles circonstances, de voter pour la quinzième année consécutive en faveur d'un roman des Presses du Lendemain, il n'avait pas eu l'occasion de se servir de sa voix double, la mort l'ayant surpris dans l'épectase, en tenue de reine de Saba, avant son cent unième anniversaire et son cinquante et unième roman.

– Bon, je te précède, dit Germaine à Viroflet sans un de ses regards de saurien pour moi, comme si j'avais été posé là à la même époque que les ouvrages passés de saison qui achevaient de jaunir et de se décoller au-dessus de ma tête.

– Madame Dubois, osa Roxane à l'abri de son hygiaphone, votre rendez-vous attend depuis trois bons quarts d'heure.

– Quel rendez-vous ? gronda-t-elle dans un soubresaut de son opulente poitrine.

Viroflet pivota sur ses bottillons à talonnettes et me dévisagea d'un œil de génisse à ses premières chaleurs avant de venir à moi, de me pincer l'oreille avec des mines de chanoine chapitrant un pensionnaire coupable de pollutions nocturnes, puis de me plaquer sur chaque joue un baiser sonore fleurant le vétiver.

– Ah, mais je te connais, toi ! Tu t'appelles Ferdinand.

– François, corrigeai-je.

– C'est tout comme, avec un pied en moins, celui que tu n'as pas voulu prendre, l'autre soir. Germaine, vous avez fait attendre mon ami François ?

– C'est encore cette imbécile de Suzy…

– Écoutez : vous le recevez. Moi, je suis seulement venu vous déposer mon dernier petit opuscule. Je suis sûr que vous aimerez. J'y ai mis le fond de mon sac. Jamais je n'ai été aussi content de moi. C'est la pierre faîtière de mon œuvre. Je veux qu'il sorte pour les fêtes, on va se l'arracher. Bon, ce sera un peu plus cher que d'habitude. Il faudra un tirage et une mise en place en conséquence, et le budget publicitaire correspondant, surtout à la radio. Vous savez qu'on m'attend ailleurs.

– Je vais adorer, je le sens, répondit Germaine d'une voix étranglée. Je préférerais mourir que de te perdre.

– Vivez aussi longtemps que moi, ma chère, c'est ce que je vous souhaite, dit Viroflet en lui plaquant entre les mains un mince dossier de carton rose fermé par une faveur.

Cependant qu'il m'envoyait un baiser du bout de son gant beurre-frais, Germaine se tourna vers moi et grommela :

– Tu viens, toi ?

III

C'est par Suzy que le bruit de la catastrophe me parvint aux oreilles : Viroflet avait signé ailleurs, il était passé à l'ennemi.

J'avais été recruté depuis trois mois comme lecteur stagiaire, Germaine croyant faire ainsi à l'influent juré une bonne manière que n'avait monnayée de ma part aucune inconduite. Dans un monde grouillant de médisances et de sous-entendus, il arrive que des mobiles inavouables servent une cause aussi perdue que l'était la mienne. Préposé aux photocopies, aux rafraîchissements et expressos, à quelques lectures et travaux de rewriting, on me concédait de quoi manger un jour sur trois, quitte à essayer de me faire inviter ou à jeûner les deux autres.

Du fracassant départ du vieux transfuge, Suzy riait aux larmes, mais sous cape. Elle était venue partager avec moi son hilarité – inconsciente de ma disgrâce annoncée, mon seul et unique soutien disparu –, comme elle faisait souvent dans le trou à rat qu'on m'avait assigné, naguère entrepôt des fournitures de bureau, jouxtant le bureau de Germaine, vaste mouroir de créations méconnues où moisissaient des monticules de manuscrits non lus, non retenus, non réclamés ni retournés, qui n'attendaient qu'une main-d'œuvre disponible pour descendre rejoindre dans l'appentis de la cour les restes de gueuletons des appartements bourgeois. Chaque fois qu'elle faisait irruption, Suzy me déposait un bécot sur le bout du nez en me donnant du « monsieur l'éditeur » gros comme le bras, tandis que sa main preste de sténo formée au cours Pigier dessinait dans l'interligne des rayures de mon pantalon des abréviations aisément déchiffrables.

– Si toutes ces vieilles couennes pouvaient aller se faire voir chez les Grecs, soupira-t-elle en jaugeant à travers le tissu l'effet de ses écritures. On va pas en faire une jaunisse !

À l'étage du clan dirigeant, nul n'était souffrant, mais c'était comme si chacun avait perdu sa chemise au casino d'Enghien. Dans les couloirs et les bureaux régnait un silence de mausolée. Coursiers et secrétaires rasaient les murs. L'œil en berne, la main molle, la voix expirante, chacun vaquait à ses simulacres d'occupations et faisait répondre par le standard qu'il n'y était pour personne.

On n'allumait les lampes de bureau que pour signifier qu'on était là, qu'on n'allait pas, dans l'épreuve, soi-même déserter.

Une première consigne tomba du sommet quelques heures après la nouvelle : surtout, pas le moindre commentaire à destination de l'extérieur. Une seconde directive, plus sourde, se propagea de proche en proche dans la journée du lendemain ; elle précisait cette fois quel type de commentaire était exclusivement autorisé : Viroflet était un auteur fini, on lui avait tenu la tête hors de l'eau pendant des années, mais ses derniers livres témoignaient d'une sorte de gâtisme qu'on ne pouvait plus défendre sans dilapider son propre crédit. Le message était clair : la maison, tournée vers l'avenir, préférait désormais investir dans la jeunesse et laissait à d'autres le soin de prodiguer des soins palliatifs à une littérature en phase terminale.

Si chaque membre du clan dirigeant était chargé de broder sur ce canevas avec ses mots, son exubérance ou son don de l'insinuation auprès de celles de ses relations qui démultiplieraient le message par tous les moyens – téléphone, parlotes de comptoir ou de cocktail, déjeuners de presse, dîners en ville –, la grande stratège de cette contre-offensive médiatique n'était autre que Blédine, dont le prénom de bouillie chocolatée ne pouvait faire oublier le caractère de chien, ni que son patronyme lui allait comme un gant à un roi du ring. Elle s'appelait en réalité Cerdan, mais ses géniteurs, adeptes d'une secte importée du Népal, eussent préféré se faire défoncer le portrait à coups de crochets du gauche plutôt que d'écraser entre leurs ongles longs les poux qui pullulaient sur la tête de la petite lorsque, rachitique, décalcifiée, elle fut confiée par la DDASS à un couple d'instituteurs retraités communistes. Depuis lors, elle ne mangeait que de la viande crue et promettait de hacher menu tous ceux qui dans la vie lui résistaient.

Le système maison était des plus élémentaires : des auteurs on faisait des gazetiers, et des gazetiers des auteurs. Quand un auteur-journaliste mettait sur le marché un de ses produits, il était du devoir de tous les journalistes-auteurs affiliés à la maison d'en rendre compte dans les termes les plus flatteurs, moyennant, çà et là, de ces réserves doucereuses qui rehaussent la portée de l'éloge et le crédit de celui qui le formule. Quand, par excès de zèle, un des éléments du réseau se mettait à dos sa rédaction en chef, il était impératif que tous les autres, indignés par la menace de censure, pétitionnent de la voix et de la plume pour le faire rétablir dans sa chronique ; et si par infortune ces pressions échouaient, en attendant de lui trouver un autre point de chute on lui passait commande, pour la fête des Mères, d'une anthologie des plus jolis poèmes d'amour filial ; ou, autre geste compassionnel, on lui créait un espace sur mesure destiné à rabattre sur la maison, pour un *one shot* – pour « tirer un coup », disaient les mauvais plaisants –, des auteurs contractuellement liés à des confrères. Il en allait ainsi de collections ignorées du public malgré leur appellation flatteuse : « Femmes de ma vie », « Derniers mots », « Abécédaires », « Coups de gueule » ou « J'aurais voulu être... ». Néanmoins, pour s'épargner ces complications, on faisait aussi en sorte de s'attacher comme auteurs des patrons de presse dont les éditoriaux mis bout à bout devenaient, sous la plume de leurs subordonnés, l'œuvre de nouveaux Chateaubriand (ou Tocqueville, ou Jaurès). Assurer des piges régulières permettait par ailleurs de modérer les à-valoir, de s'assurer des promotions bon marché, et le système, par son mécanisme d'ensemble, servait à appâter des écrivains convoités en leur garantissant un service après parution des plus performants : ce sont les critiques complaisantes échéant aux autres qui font sourire, pas celles dont on bénéficie.

Quoi qu'il en fût, Blédine m'avait à la bonne. Jamais je ne refusais d'aller lui chercher sa cartouche de gitanes maïs, de ces cigarettes bistre dont le papier mal consumé formait une petite cheminée noirâtre sur laquelle elle tirait, le téléphone d'une main, un crayon feutre dans l'autre, un coin de la bouche serré sur le mégot, l'autre suffisamment entrouvert pour laisser passer une mitraillade de mots brefs qui ne laissaient place, à l'autre bout du fil, à la moindre objection. C'est d'elle, lorsque je l'escortais au bistrot voisin pour son petit blanc sec de milieu de matinée, que je tins le fin mot de l'histoire du départ du grand écrivain.

Le fameux « opuscule » qu'il avait remis à Germaine Dubois, sous mes yeux et ceux de Roxane, la standardiste, avait circulé à l'étage supérieur et donné lieu à un échange de vues mémorable au comité de lecture du vendredi matin. Outre Germaine et Blédine, membres de droit, la noble instance comportait M. Octave, le comptable en partie double, si l'on peut dire, chargé de faire passer les dessous-de-table en frais de bouche et de dissoudre les besoins en liquide du patron dans les situations de caisse du comptoir de gros – et Félix Lamdsdorff : celui-ci, ancien pion de collège privé qui se présentait comme agrégatif d'espagnol, parlait l'idiome de Cervantès avec l'accent d'Eric von Stroheim, et nourrissait deux passions, les orpailleurs du haut Orénoque et l'emploi du subjonctif imparfait dont il émaillait sa conversation avec des mines d'exhibitionniste. Le Comité avait en outre admis en son sein Lucien d'Avray, principal chroniqueur du quotidien de droite du matin, nouvel académicien français, membre d'une douzaine de jurys qui lui valaient de manger à toutes les tables trois cent soixante-cinq jours par an, ainsi que Séverine Vacherin. Cette personne considérable dirigeait le supplément littéraire du quotidien matinal de centre gauche ; à tu et à toi avec Germaine, membre des mêmes jurys, elle mettait un point d'honneur à ferrailler contre le précédent, avant qu'alternativement l'un se ralliât aux vues de l'autre, ou l'autre à celles de l'une, pour éviter les algarades inutiles et communier dans le couronnement d'un auteur maison.

Bien entendu, chaque séance du vendredi se tenait sous la présidence de Jean-David Aldebert de Montgeron, devenu par héritage patron de l'entreprise après avoir raté des études de vétérinaire mais réussi à vendre à un consortium de produits fermiers une part majoritaire de la maison paternelle en déconfiture. Il était si peu sûr de lui qu'il se cramponnait mordicus à son mauvais goût pour des auteurs d'une insigne médiocrité, compagnons d'apéritifs ou de virées nocturnes, qu'il cautionnait et subventionnait à fonds perdus, et qui, lui servant d'hommes de main en toutes circonstances, se seraient fait couper en deux pour leur bienfaiteur. Il les plaçait dans des jurys de prix de consolation où ils votaient comme un seul homme, ou dans des rédactions périphériques où ils donnaient des articles de repêchage sur des titres ignorés du reste des médias. Il s'était aussi acheté à cette fin une revue confidentielle où ses affidés s'obligeaient, sur ordre, à écrire sur des livres qu'il leur fallait aimer ou abhorrer à cent pour cent. L'air soucieux que Montgeron arborait en permanence avait deux motifs : une épouse scandinave qui s'était crue devenir poète et moraliste en contractant mariage avec un éditeur, qu'il était contraint de faire publier à compte d'auteur par des confrères compréhensifs, et surtout sa chienne Frédégonde qui avait largement dépassé l'âge du trépas chez les canidés, qui boulottait et compissait les éditions originales dans le bureau de son maître, mordant à l'occasion les visiteurs qui s'y hasardaient sans frapper.

D'après Blédine, le fameux Comité devant sceller le sort de l'œuvre de Viroflet s'était déroulé selon le verbatim suivant :

Montgeron (*ouvrant le feu*) : Cette fois, il s'est surpassé ! Ce n'est plus de la merde, c'est une intarissable tourista ! Il y a de quoi remplir un camion-vidange.

Germaine (*d'une petite voix mal assurée*) : C'est bien mon avis.

Lamdsdorff (*avec un rire gras*) : Ma parole, il a avalé la boîte entière de dragées Fuca. À quoi eussions-nous eu droit s'il avait ingurgité une bouteille de Destop pour faire glisser !

D'Avray (*dodelinant*) : Je vous trouve un peu sévères…

Séverine (*glaciale*) : Moi, ça m'est tombé des mains.

Lamdsdorff (*toujours rigolard*) : J'espère que tu te les es lavées, après !

Séverine : Je veux dire que c'est à la fois trop court et avec des longueurs, des longueurs…

Montgeron (*solennel*) : Séverine vient de dire quelque chose d'intéressant que j'ai ressenti, moi aussi. Il y a là comme un effet de chewing-gum, une élasticité narrative qu'on rencontre rarement en littérature, sauf peut-être chez Benjamin Constant.

Germaine : Ce que tu dis est juste, Jean-David : une écriture élastique comme chez qui tu viens de dire.

Lamdsdorff (*haussant les épaules*) : Je ne vois pas le rapport.

Germaine (*avec une moue dégoûtée*) : Toi, tu vois jamais rien.

Montgeron (*toujours grave*) : Il faut reconnaître qu'à côté de ces greluches qui nous font chier avec leurs règles et leurs curetages, on ne s'est jamais vidé comme ça. Au fond, il y a du yogi chez l'ami Viroflet : le scatologique mène à la purification. Et il faut un certain courage pour parler de sa propre merde sans fioritures, sans pincettes ni papier de soie, brut de décoffrage.

Germaine (*avec aplomb*) : C'est ce que j'allais dire.

Séverine : Tout de même, la scène où il cherche la dent en or qu'il a avalée par mégarde…

D'Avray (*sarcastique*) : Justement, ma petite, tu pourras écrire dans ton journal épris de nouvelle critique que c'est l'épisode axial du récit, la raison sociale de l'entreprise : fouillez la merde, un trésor est caché dedans.

Germaine (*à tout hasard*) : On pourrait en faire un argument de vente : la chasse au trésor…

Montgeron : Germaine n'a pas tort. Blédine, voici le moteur à trois temps qui permettra à la diffusion de partir en flèche. Premier *buzz* : Viroflet, à quatre-vingt-dix ans passés, n'est jamais allé aussi loin dans l'audace romanesque ; deux : l'acte de naissance d'une nouvelle école se trouve paraphé avec ce chef-d'œuvre ; trois : avec ce cinquantième roman, il voit se confirmer toutes ses chances au Nobel.

D'Avray : Comment l'appeler, cette nouvelle école ?

Germaine (*pas sûre d'elle*) : Le nouveau roman ?

Lamdsdorff : Déjà pris, ma vieille. J'aurais cru que vous le sussiez.

Germaine (*positivant*) : Le nouveau nouveau roman, alors !

Séverine (*crispée*) : Un nouveau courant initié par un nonagénaire ?

Montgeron : Justement, il fera long feu et on pourra en lancer un autre. Le nouveau est la plus vieille recette qui soit au monde. L'édition est un perpétuel recommencement et c'est pourquoi il nous faut sans cesse clamer que nous faisons du nouveau.

Germaine (*d'une petite voix*) : Il m'a dit que ce serait plus cher que d'habitude, à cause des propositions qu'il reçoit.

Montgeron (*la bouche tordue*) : Qu'est-ce qu'on a vendu du dernier ?

M. Octave (*inflexible, dépliant l'accordéon d'un état informatique*) : Trois cent soixante-neuf exemplaires retours déduits, pour neuf cent soixante-trois exemplaires de presse.

Germaine (*faisant la grosse voix*) : Oui, mais on a eu le prix des Six pour la quinzième fois d'affilée. On ne peut pas cracher dessus.

Montgeron (*haussant le ton et écartant les mains comme le prêtre pour l'*Ite missa est) : Tout le monde est donc d'accord : il faut le faire. Quoi d'autre ?

C'était quelque dix semaines avant les fêtes de fin d'année. On avait exaucé tous les vœux de Viroflet : mise en vente à la période des cadeaux, promotion massive et multi-support, avance sur droits majorée de moitié ; Montgeron avait même combiné avec un confrère grec et un autre, lituanien, des contrats de traduction qui ne connaîtraient bien entendu aucune suite, l'à-valoir n'étant dû qu'à publication. À la mi-décembre, la foirade s'annonçait magistrale. Les retours déferlaient par bennes entières aux portes du pilon, à croire que les libraires se délestaient du triple des quantités qu'ils avaient reçues. Même les chroniqueurs les plus dociles ne trouvaient plus leurs mots et il avait fallu recourir aux publireportages, qui coûtaient les yeux de la tête. L'article de Lucien d'Avray, qui eût pu donner le ton aux suivistes, tardait à paraître : il invoquait l'actualité surchargée qui, dans son journal, réduisait comme peau de chagrin la place dévolue aux livres, mais chacun pouvait constater que le pays et le monde connaissaient une rare période de calme plat. Quant à Séverine, elle s'était déchargée de la corvée sur sa jeune adjointe à qui, répondait-elle aux harcèlements téléphoniques de Blédine, elle avait déjà fait refaire par trois fois sa copie et s'apprêtait à en refuser une quatrième. En tout dernier recours, Germaine avait suggéré à Montgeron de demander à Viroflet de simuler un accident cérébral dont il émergerait peu après, frais comme un gardon, disponible pour les médias qui, après s'être répandus sur l'imminence de son décès, s'émerveilleraient de son miraculeux retour à la vie.

C'est ce stratagème de la dernière chance dont le patron des Presses du Lendemain se disposait à faire part au vieil auteur lors du déjeuner qu'ils étaient convenus de partager dès le 2 janvier, vu l'urgence.

Ce jour-là, me raconta Blédine, mise elle-même au

courant par Germaine qui partageait avec Séverine une table voisine au Lotus d'or, le restaurant laotien à la mode où le Tout-Paris des médias, abouché à celui de la politique, jouait à tout-va des baguettes et du portable en sirotant un thé au goût de noix vomique, le tête-à-tête entre les deux convives avait peu duré. Mis avec la plus exquise recherche – cravate fuchsia sur chemise bleu tendre et sorte de redingote en velours gris souris –, Viroflet était arrivé avec un retard calculé dont il s'était excusé à voix forte tout en embrassant Montgeron avec effusion comme si ce dernier venait de perdre sa vieille chienne. La coupe de champagne obligée du Nouvel An offerte par le restaurateur avait accompagné la prise des commandes. Après avoir trinqué, sitôt servis les amuse-gueules à base d'anatifes au gingembre et de croustillants de couenne de requin, le pimpant nonagénaire, dans un large sourire de céramique, avait plongé jusqu'à la garde dans le vif du sujet :

– Je ne te surprendrai pas, mon cher, en te disant que je viens de signer pour trois livres chez Roblochon.

Aussi pâle que l'assiettée de riz qu'on venait de déposer entre eux deux, Montgeron, qui n'avait pas encore touché à la nourriture, avait gémi, les larmes aux yeux :

– Tu ne m'as pas fait ça ?

– Hé si, mon cher. Ils savent défendre leurs auteurs, chez Roblochon.

Alors, avait narré Germaine à Blédine abasourdie, qui me l'avait rapporté, Jean-David Aldebert de Montgeron s'était levé de table, et, épongeant ses larmes de rage avec sa serviette, puis la jetant en boule dans les anatifes, il avait tourné les talons et quitté à jeun l'établissement sans pouvoir articuler une parole de plus.

Viroflet avait poursuivi son déjeuner avec des ravioles d'holothuries, des pilons panés d'outardes sauvages, une salade de lychees avec deux boules de glace rose et pistache, un café moka avec assortiment de friandises extrême-orientales, et une bénédictine de derrière les fagots en guise de pousse-café. Puis, après avoir exhalé un petit rot dans le creux de ses mains regantées de beurre-frais, et adressé un signe de tête amical aux tablées voisines, il avait lancé au maître d'hôtel impassible :

– Sur le compte de M. de Montgeron, comme d'habitude.

Germaine et Séverine, qui, à leur table, n'avaient pu avaler un grain de riz depuis le début de la scène, avaient dû renvoyer leurs plats en cuisine sous peine de manger froid.

IV

La première fois que je le vis, je crus à un spectre. Une boule de cheveux blancs hérissés, comme électrisés par la boîte crânienne, surmontait un front d'ivoire, sans la moindre ridule, des sourcils pareils aux viornes griffues dont les lianes se mêlaient naguère aux fourrés de mûriers le long des voies où circulaient encore des trains à très moyenne vitesse. Des yeux délavés, des joues hâves, quasi imberbes, un nez en patère de clown neurasthénique, une bouche aux lèvres mangées, des oreilles velues obturées de grosses mèches de coton hydrophile, et le reste à l'avenant : un corps sempiternellement tirebouchonné, quelle que fût la saison, dans une gabardine mastic trop large d'épaules mais si courte qu'elle lui descendait à mi-cuisse, et des poches déformées par les journaux périmés qu'il glanait partout – bancs de square, poubelles publiques, terrasses de café, sièges du métro – avec une rapacité telle qu'il était capable de filer un piéton plongé dans les pages intérieures de son quotidien comme eût fait un tire-laine guettant le moment propice pour soutirer son portefeuille à sa victime. Il portait en outre deux sacs plastique de Prisunic bourrés de manuscrits et de périodiques, si bien qu'avec ses deux fardeaux de part et d'autre de ses hanches gonflées, on eût dit une vieille paysanne s'en revenant du marché avec les provisions de la semaine, ou rentrant de traire, un seau à chaque bout de bras.

Roxane, qui l'aimait bien et à qui il adressait à chaque passage un compliment nouveau, l'appelait M. Branko. Était-il monténégrin, slovène ou biélorusse ? Son accent indéfinissable et son français académique ne permettaient pas de le préciser. Lamdsdorff et Montgeron lui confiaient notamment des manuscrits recommandés par telle ou telle de leurs relations et qui méritaient autre chose que le couperet de l'accusé de réception habituel. Il tapait ses rapports d'une traite, sur une antique Underwood au ruban déchiqueté dans sa moitié noire et percé dans la rouge, ce qui obligeait le lecteur de ses commentaires – s'il s'en trouvait, ce dont on n'aurait pu jurer – à deviner les lettres ou les syllabes manquantes, comme dans les exercices à trous de l'increvable cours d'orthographe de M. et Mme Bled. À un manuscrit médiocre il ne cherchait pas de circonstances atténuantes, mais expliquait généreusement comment il aurait pu devenir meilleur, citant à l'envi Épictète, Byron ou Pouchkine, ce qui mettait en fureur Montgeron qui le rabrouait d'un « On vous paie pour refuser, Branko, pas pour nous faire l'article sur un livre qui ne trouvera jamais à se faire publier ». Cela dit, le patron des Presses du Lendemain puisait là matière à s'approprier des formules et des citations savantes qui empourpraient ses bajoues de buveur de bière brune dès qu'on lui en faisait compliment. Branko n'ignorait sans doute pas que son travail ne servait à rien, mais il s'inclinait devant le travail d'autrui, fût-il vain, en l'entourant de son savoir et de sa dévotion, comme un orphelin de père et de mère errant par les cimetières et se recueillant à tout hasard sur les tombes d'étrangers. S'il était payé chichement, c'était comptant, par les soins de M. Octave, et en espèces, ce qui semblait l'arranger et lui permettait d'acheter sa provision de pain et de pâtes pour la semaine, ainsi qu'un flacon de kirsch dont il se versait un demi-verre, au réveil, pour recouvrer ses esprits.

À la fois seul lecteur et critique unique d'œuvres qui ne verraient jamais le jour, M. Branko me faisait songer à ces grands papillons nyctalopes qui se cognent au réel et s'y déchirent les ailes sitôt qu'un peu de lumière leur en révèle l'éblouissante existence. À moi, tout au contraire, avait été confié progressivement le soin plus terrifiant de retaper, replâtrer, rapetasser des manuscrits qui eussent découragé même le lecteur émérite qu'il était, mais dont les signataires, allez savoir pourquoi, se vendaient, s'étaient vendus, se vendraient peut-être encore, tant et si bien qu'on s'interdisait, non sans lucidité, de porter sur eux la moindre appréciation, si ce n'est en termes de dizaines de milliers d'exemplaires de mise en place, tout en ne cessant de s'ébaubir que de si misérables absences de talent trouvassent à s'écouler auprès d'aussi larges publics.

Parmi celles et ceux que j'appelais ainsi mes « clients », Ida Tajine avait débuté dans les commerces de la nuit, si bien qu'elle était invitée rituellement aux émissions à thème où l'animateur lui donnait de la « grande prêtresse du sexe ». Chaque allusion égrillarde lui tirait des gloussements, des « Oh, le cochon ! » ou, d'une voix de gorge : « De l'érotisme, ça ? Mais c'est de la bibine ! » Elle s'était ainsi bâti à peu de frais une réputation sulfureuse qu'elle aggravait – les gogos croyaient : qu'elle tentait d'atténuer – en se fagotant de voiles, paréos, ponchos, houppelandes, robes de bure, soutanes en solde et jusqu'à des burkas wahhabites dont elle ne condescendait à desserrer les couches superposées que dans l'intimité d'un salon ou le secret d'un bureau.

– J'étouffe, suffoquait-elle, mais mes idées ne supportent pas le moindre coup de froid. Il suffit que je me mouche, et j'ai la tête vide.

Elle se laissait tomber sur l'unique chaise dévolue à mes visiteurs, en faisant choir à ses pieds un cabas rempli de toute une pharmacopée exotique pour dormir, ne pas dormir, manger moins, ouvrir l'appétit, gonfler les seins, dégonfler l'abdomen, éclaircir le teint, donner des couleurs, etc., etc. Elle reprenait :

– Je me sens paresseuse, ce matin. Comment font les autres pour pondre leurs dix pages par jour ? Il est vrai que, pour ce que ça vaut…

Elle avait connu le succès comme par inadvertance avec *La Marquise de Perros-Guirec*, plus paraphrase que remake de *La Princesse de Clèves*, et, enivrée comme après avoir décroché le gros lot au Loto, elle avait tout claqué en résidences secondaires, en fêtes et en gigolos, puis ses tirages avaient décrû, conformément aux pronostics logarithmiques dont M. Octave avait exposé le théorème en Comité, recommandant d'arrêter les frais. Mais si les éditeurs passent aux yeux de beaucoup pour des cyniques, des rapiats et des crapules, ils ont ceci d'humainement émouvant : ce sont des joueurs, et ils souffrent moins de perdre de l'argent que de voir un de leurs auteurs leur fausser compagnie. Si la popularité d'Ida Tajine connaissait ailleurs un ultime rebond, que ne dirait-on pas de l'incapacité des Presses du Lendemain, tout juste bonnes à tarir un tel filon, à déprécier une telle source de profits en réduisant un billet gagnant à la condition de vieille coupure hors circulation ?

Il suffisait à Ida d'ouvrir n'importe quel livre pour y puiser des citations de plusieurs pages qu'elle insérait sans rien changer, ou presque, entre ses maigres développements, en constatant :

– On ne peut pas mieux dire, alors pourquoi le dire autrement ?

Tout était prétexte chez elle à ne pas écrire : figurant sur toutes les listes des « événementiels », elle ne négligeait aucun carton d'invitation, de la remise du Stylobille d'argent à l'exposition de figurines en papier mâché de Mme de Montgeron mère, de la croix du Mérite de tel animateur de jeux télévisés aux Palmes académiques de tel courriériste de canard local ; puis c'était une cure d'amaigrissement à Bormes-les-Mimosas ou sa petite virée annuelle en Gambie d'où elle revenait toute retapée par ses enquêtes ethnographiques sur la culture ouolof et ses superbes et musculeux locuteurs.

– J'avance, j'avance, répétait-elle à nos demandes de copie. Mais il ne faut pas me bousculer, ça me bloque.

Ça ne bloquait pas pour autant les mensualités que lui versait la maison, au désespoir de M. Octave, mais elle se fût offusquée qu'on fît le lien entre ceci et cela, et qu'on lui remontrât que deux à trois ans de retard dans ses écritures faisaient prendre à son passif des proportions inquiétantes.

– Tous des radins, les éditeurs ! se fût-elle renfrognée. Mon petit vieux, l'inspiration, ça ne se sonne pas comme une bonniche. C'est comme le Saint-Esprit, il faut attendre qu'elle descende vous visiter.

En attendant cette fête de la Visitation, elle venait perdre une demi-journée dans les couloirs de la maison, traînant son falbala d'un bureau à l'autre, répétant à tous, y compris à des auteurs de passage qu'elle ne connaissait ni d'Ève ni d'Adam : « Ça vient, ça vient, je ne vous oublie pas… », puis, consultant la grosse montre qu'elle portait en sautoir comme si on l'eût faite grande chancelière du Temps qui passe, elle gloussait :

– Oh, mais je vais être en retard à mon déjeuner avec Roblochon. Je ne sais pas ce qu'il me veut, celui-là, je ne l'aime pas, sa tête ne me revient pas, et je préfère mon petit Montgeron, mais enfin, on a peut-être des choses à me dire…

Tout autre était Liliane Lipome. Se prévalant par ses ascendants de quatre nationalités différentes et cultivant un accent que même un distingué linguiste n'eût pu identifier, domiciliée dans un paradis fiscal où son troisième mari exerçait des compétences qui ne prédisposent jamais au chômage de longue durée, elle roulait sur elle-même plus qu'elle ne marchait, comme si, amputée des mollets, on eût raccordé directement son genou à son cou-de-pied, et elle parlait comme une petite fille faisant la grosse voix, en papillotant des paupières sous des frisottis de chez Carita. Elle récitait avec les mêmes soupirs, gonflements de gorge et pupilles humides l'hagiographie de ses défunts époux et la saga de ses flirts dans les palais de la République où, l'âge venu, malgré tout, les gâteries amoureuses avaient laissé place à la montée en grade dans l'ordre des Arts et Lettres. Elle aussi, comme Ida Tajine, avait tâté du succès, et, tout comme elle, au lieu de déplorer son déclin, elle ne le voyait pas ; mais, à la différence de sa consœur, elle le niait et, au lieu de gémir sur le calvaire d'écrire, elle triomphait et trompetait à chaque phase de l'enfantement d'un de ses nouveaux chefs-d'œuvre, passant du « J'ai l'idée que personne n'a eue avant moi, je ne t'en dis rien, sauf si tu me jures… » à : « Nous allons faire un malheur, on va casser la baraque, jamais je n'ai écrit quelque chose d'aussi divinement réussi », enfin à : « Ça y est, c'est fini, mon cher mari a trouvé ça génial, il ne me cache jamais la vérité, j'attends que tu m'en dises autant de bien ».

C'était écrit dans le même charabia que d'habitude, mais Blédine m'avait délivré le mode d'emploi de Liliane Lipome :

– Elle te dira qu'on ne touche pas une virgule de sa prose à chier, que tel ou tel mot que tu auras introduit pour éviter la douzième répétition dans la même page n'appartient pas à son vocabulaire, qu'elle a sa langue et sa syntaxe à elle, dont ses lectrices raffolent et qui ont fait son succès. Tu lui répondras que, dans ce cas, tu as reçu l'ordre de mettre son manuscrit en fabrication en sorte qu'il soit publié tel quel, dans sa langue à elle, avec ses solécismes, amphigouris, pléonasmes et cucuteries en tout genre. Tu verras la réaction.

Je mis à exécution ces recommandations. La réplique, cinglante, ne se fit pas attendre :

– Je vais en toucher un mot à Hector qui en référera à Montgeron. Jamais on ne m'a parlé comme ça ! Dans ces conditions, je reprends mon œuvre !

Laquelle, une petite huitaine plus tard, nous revint dans une nouvelle frappe dactylographiée qui intégrait toutes les corrections apportées par mes soins, hormis quelques incongruités que Liliane Lipome avait trouvé le moyen d'introduire in extremis, sans doute dans un souci de plus grande authenticité.

Quand, par un malencontreux concours – hasard ou rendez-vous mal agencés –, les deux stars déclinantes venaient à se trouver nez à nez refaits dans les couloirs jamais repeints des Presses du Lendemain sans que

Roxane eût pu éviter un tel télescopage, l'échange de doucereuses vacheries valait qu'on tendît l'oreille :

– Ah, ma petite Liliane, gémissait Ida, je n'ai pas encore eu le temps d'ouvrir vos deux derniers livres et voilà que vous nous en infligez un troisième ! S'il fallait vous lire, on n'écrirait plus. Il est vrai qu'avec vous, un titre chasse l'autre. Vous avez bien de la chance !

– Mais non, ma chérie, sirupait Liliane, ce sont mes lectrices qui en ont : je les gâte.

– En tout cas, moi, le mien, de roman, ne me lâche plus. Mais je n'en démords pas : on ne peut pas lire et écrire à la fois, quand on est un auteur digne de ce nom.

– Sauf, bien sûr, quand on ne fait que s'inspirer des autres. Mais vous avez tout votre temps pour me lire : avec les années, mes livres à moi gardent leur fraîcheur.

– C'est comme vous, ma douce. Vous avez changé d'esthéticienne ?

– Non, je ne bois pas, je ne fume pas. En dehors d'écrire, il n'y a pas trente-six recettes, passez-moi le mot : il faut baiser.

– Passez-moi le mot, ma cocotte, mais encore faut-il être restée un peu bandante !

– Le monde est vaste et bien fait, ma vieille : on est toujours bandante pour quelqu'un.

– Les années nous départageront.

– Le proche avenir, je m'en bats l'œil. Pour moi, ce qui compte, c'est la postérité.

– Vous êtes sûre qu'elle se souviendra de vous ?

– Aussi sûre qu'il y a des graphomanes qu'elle a déjà enterrées de leur vivant…

Etc., etc.

Effet de l'offre ou de la demande ? En l'espace de quelques mois, ma « clientèle » s'élargit de manière vertigineuse et je ne cessais de travailler plus pour gagner autant, c'est-à-dire peu. D'un côté, Germaine Dubois comme Félix Lamdsdorff et consorts avaient constaté depuis belle lurette que ces basses besognes que sont, dans l'édition, la lecture des manuscrits et la mise au point des textes prennent un temps considérable, empêchant ceux qui en sont chargés – au sens du faix de l'âne bâté – d'exercer une ou deux autres activités complémentaires et rémunératrices – chroniqueur, consultant, scénariste, rapporteur délégué à ceci, commissaire à cela, etc. – et de cumuler les revenus correspondants. D'autre part, parmi les « clients » en question, il y avait ceux qui ne savaient pas du tout écrire et s'en remettaient à moi, et ceux qui, sachant à peu près aligner trois phrases, n'ignoraient pas que quelqu'un allait faire une partie du travail pour eux, ne s'en donnaient donc pas la peine et préféraient eux aussi s'assurer des ressources collatérales en y consacrant le temps que leur eussent dérobé l'inversion du sujet, la chasse aux redites et l'emplacement idoine des virgules.

Parmi eux tous, certaines figures se détachaient particulièrement. Ainsi Bronislav Duchemin, vieil écrivain balte en exil depuis l'avant-guerre, siégeant parmi les Immortels depuis une éternité, qui prétendait à la stature de Hugo en écrivant sur ses deux pieds, accoudé à un lutrin, alors que seuls de fulgurants accès de sciatique justifiaient ce garde-à-vous devant la page blanche. Mettant à profit l'ignorance où étaient tenues la plupart des petites langues des confins orientaux et l'extermination subie là-bas par des générations d'écrivains, suivie par celle de leurs ayants droit, il recopiait en les traduisant très librement de vieux chefs-d'œuvre engloutis, corroborant ainsi à sa manière l'adage selon lequel quand un plagiaire meurt, c'est toute une bibliothèque qui disparaît avec lui. De même ces écrivains de notre ex-empire que la discrimination positive, le respect implicite des quotas, la mise en valeur et en avant des minorités visibles avaient installés sur les podiums de la mode, parallèlement aux élégies repentantes, aux mea culpa sanglotants et aux autoflagellations de la jeune garde.

Dans le registre spécifique de la négritude, j'eus également parfois affaire à Bob Blackberry, natif de Noisy-le-Sec, comme son nom ne l'indiquait pas, parfait autodidacte qui, après s'être enrichi dans la mode éphémère du scoubidou en fabriquant des milliers de kilomètres de fils de plastique multicolores à tresser par des doigts enfantins, avait accumulé, pavé après pavé, les sagas d'inspiration financière, toutes à la gloire du self-made-man, à ceci près que, s'il s'était fait lui-même, il sous-traitait ses récits en opérant une subtile division du travail : payant d'un côté un scénariste pour lui trouver le sujet, le titre et en esquisser la trame, puis, dans l'ignorance du premier, recourant d'un autre côté, pour le gros-œuvre, à un rédacteur qui n'était autre qu'un ancien Goncourt refusé partout, lequel empochait bien volontiers ce petit pactole en ricanant des commentaires flatteurs réservés à sa prestation par une grande presse qui ne citait plus guère son nom qu'une fois l'an, à la veille des prix, l'heure venue d'égrener, comme sur un monument aux morts, la liste des lauréats passés dont nul n'entendait plus jamais parler. Enfin, Bob me confiait son ours qu'il me revenait de rendre bien léché.

Tous sans exception relisaient ou feignaient de relire leurs épreuves avec émerveillement, et me fussé-je mêlé, moi, le grouillot de vouloir encore changer un mot de la copie rafistolée, qu'ils m'eussent éconduit avec indignation, m'intimant l'ordre de n'y pas toucher, à peine de défigurer un texte dont ils avaient fait en un tournemain la chair de leur chair. Par espièglerie ou pour prendre date – mais en vue de quel Jugement dernier rangeant à dextre les vrais écrivains, à senestre les imposteurs ? –, j'introduisais néanmoins dans chaque copie des mots de passe, des balises puisées dans mes propres tics de langage, à l'instar de ces grands couturiers qui glissent dans un ourlet ou au fond d'une poche intérieure la marque – fil rouge, petit bouton, initiales au point de croix – dont l'absence dénoncera la contrefaçon.

Ce genre de menu traquenard ne risquait pas de prendre au dépourvu mon « client » le moins soucieux de sauvegarder les apparences de la comédie littéraire. Féru de marketing, il avait déduit de différents sondages d'opinion que la connaissance moyenne de la langue, dès qu'on souhaite s'adresser à plus de cent mille lecteurs, ne dépasse pas celle d'un enfant de huit ans, et que s'il convenait d'écrire à leur intention des romans ayant un début, un milieu et une fin, comme le rabâchaient les vieux de la vieille aux débutants rétifs à l'idée de ne pas se distinguer, il convenait aussi que ce fût avec les mots les plus courants, dont il avait fait confectionner à son usage un lexique. Il me remettait la copie, élaborée d'une traite et tête la première par son collaborateur habituel, un normalien un peu trop gavé de grec et de latin pour livrer la vulgate désirée, copie qu'il avait stabilotée de rayures orangées à chaque vocable étranger à la langue basique à laquelle il entendait limiter son expression, mot étranger au sens strict, selon lui, qu'il convenait de refouler hors des frontières de la littérature populaire et ne tolérer que dans les ghettos concédés à la recherche, à l'avant-garde, ces lieux maudits où, remarquait-il non sans une certaine pertinence, l'endogamie liée à l'admiration et aux congratulations mutuelles promettait dégénérescence et extinction à l'espèce de l'écrivain-en-soi.

Jugement dernier y eût-il eu, les « clients » que j'ai évoqués auraient été destinés à emprunter la file de gauche, indéfiniment condamnés à réciter par cœur leurs tissus d'inepties, voire, et pis encore à leurs yeux, à devoir apprendre et débiter perpétuellement la prose les uns des autres – si possible celle où leurs rivaux les plus virulents avaient choisi leurs créneaux, ces remparts moussus d'où ils braquaient bombardes et pétoires pour défendre leurs situations acquises contre la horde de jeunes barbares qu'ils sentaient poindre à l'horizon, menaçant de leur disputer la place. En tête de la file de droite, j'en étais certain, se serait tenu, avec ses poches gonflées de nouvelles périmées et ses sacs en plastique remplis d'histoires orphelines, mon ami Branko, saint et martyr de l'édition.

En cette fin d'année-là, du fait de la défection de Viroflet et de subtils reports de voix entre membres de différents jurys, le Grand Prix des Six échut à Roblochon, accessoirement à un premier roman publié par ses soins, *Les Malentendants*. Or c'était un manuscrit qui, déposé par l'entremise du même Viroflet quelque dix mois auparavant, était passé entre les mains de Branko qui en avait chaudement recommandé la publication dans un rapport d'une dizaine de feuillets que Germaine Dubois et Lamdsdorff avaient évidemment trouvé trop long pour le lire jusqu'au bout. Le prix décerné à la concurrence, Branko s'en fut frapper à la porte de Montgeron dont la clébarde pelée découvrit ses crocs marron en grognant. Mis au courant de l'existence du rapport de lecture, le patron des Presses du Lendemain traita Branko de bon à rien, lui remontrant qu'il était payé pour refuser des manuscrits, pas pour en dire du bien à longueur de pages ; que *Les Malentendants* étaient d'ailleurs un ouvrage inintelligible, qui ferait cinquante pour cent de retours ; que, publié par les Presses, il n'aurait de toute façon jamais été couronné ; enfin, qu'au lieu de le déranger pour lui dire ce qu'il savait déjà, à savoir que le Grand Prix des Six avait échappé pour la première fois depuis quinze ans à la maison, mieux vaudrait, la prochaine fois, qu'il l'avisât d'un manuscrit ayant toutes chances de l'obtenir – Montgeron oubliant déjà ce qu'il venait de dire, l'instant d'avant, du rôle assigné au lecteur, qui était de débarrasser les étagères de ces arrivages incessants dont il parlait en pinçant le nez comme d'une fosse à vidanger.

Plusieurs semaines s'écoulèrent sans qu'on revît le pauvre Branko. On pensa qu'il faisait la tête, mais il avait trop le ventre creux pour se permettre un pareil luxe. Il n'avait naturellement pas le téléphone et, comme il était payé de la main à la main, nul ne savait au juste où il logeait. C'est dans la page des faits divers du journal où chroniquait Lucien d'Avray qu'on lut que son cadavre avait été découvert quasi momifié dans la chambre de bonne qu'il occupait, où son espace vital s'était réduit au fil des ans à moins de trois mètres carrés, le reste étant constitué d'une sorte d'hypogée fait de coupures de presse classées dans des monticules de dossiers où toute l'actualité du monde, sériée en thèmes et sous-thèmes, disciplines et sciences connexes, rubriques et ramifications, était venue s'entreposer jour après jour, de lui-même ne subsistant qu'une peau de papier glacé sur des os.

V

Note à B[lédine] sur ma promo – N[icolas]*

• Embargo total sur les jeux d'épreuves, mais organiser quelques fuites portant sur des formules choc (« La France sous le régime actuel se vautre dans ses immondices comme aux heures les plus noires de la Collaboration » [p. 43] ; « Je mets au défi l'actuel chef de l'État de soutenir dans un face-à-face [...] au Moyen-Orient et avec Moscou » [p. 67] ; « Le ministre des Affaires étrangères qui a osé abuser aux Nations unies de la voix de la France pour [...] démissionner » [p. 123] ; « Je déclare aujourd'hui être personnellement

* Nicolas est l'auteur chéri des Presses du Lendemain, « inventé » et cornaqué par Germaine Dubois. La note en question a été trouvée et ramassée par moi au service de presse dans la corbeille à papiers de Blédine. (*N.d.A.*)

le mieux [...] et le plus [...] pour l'avenir proche et lointain » [p. 187]).

• Bonnes feuilles : sous réserve d'une *cover* pleine page assortie d'une campagne radio de pas moins de cinquante messages et d'une campagne d'affichage sur les kiosques à Paris, Lyon, Marseille, Toulouse, Bordeaux, Rennes, Lille et Strasbourg.

• TV : sur Prima, le 20 heures (promis au téléphone par BCBA s'il a la primeur ; veiller à ce qu'on retarde de quinze jours le refus de son nouveau manuscrit !) ; sur Canal Two, l'émission de Pie, mais en spéciale, seul sur le plateau, et menacer Pie, s'il me coupe la parole, d'un départ en cours d'émission ; sur la Tierce, un plateau uniquement de filles et de femmes choisies parmi mon fan-club ; sur France-Quatre, je veux bien descendre dans l'arène du « Grand Cirque » face à Gladiator, mais à condition qu'on me communique les questions à l'avance ; sur Quinte-Flash, rien, je fais partie du comité des programmes, mais ils peuvent repasser le docu sur moi au pied du mur de Berlin, mon interview de Benazir Bhutto peu avant l'attentat, mon portrait filmé par Anne T., et, si ça ne fait pas trop, la séquence de ma première apparition à l'émission « Parenthèses ». Rien non plus sur la Six, puisqu'ils rediffusent mon film et que la présentatrice montrera mon livre pendant cinq bonnes minutes.

• Radio : échanger campagne pub contre animation des programmes d'une journée en continu avec promo plein pot aux journaux de 8 heures, 12 h 30 et 19 heures. Lecture d'extraits toute la nuit par mon amie Nadia (l'interprète de mon film). Rien sur France-Cul, ils me détestent, mais on doit pouvoir mobiliser Jacques, Hervé, Bruce et Maryvonne dans leurs émissions respectives, « Le Monde à plat », « Le Mot de la fin », « Coupe-papier » et « Les Tables tournantes ». Après tout, je les ai tous publiés dans la collection « Cortex ».

• News : hormis la pré-pub avec *cover*, il me faut l'édito du vieux Baderne ; même s'il gâtouille, on lui accorde encore une double page ; signaler que je le cite trois fois, aux pages 17, 69 et 136, et que sept de ses livres figurent en bibliographie. Je veux une interview d'au moins quinze feuillets dans *Point-barre*, par Olivier Rameau que j'ai invité exprès pour soixante-douze heures à Ouarzazate avec son ami Thomas. J'ai promis à Grégoire, à *Press Mag*, s'il me tartinait trois pages avec cinq lignes exploitables en pub, de lui préfacer son prochain bouquin merdique chez Roblochon, et de le soutenir (d'un doigt) au prix Essai (n'en pas parler à Frédéric à qui j'ai juré la même chose).

• Quotidiens : inutile de s'occuper de Séverine, elle est déjà briefée par Germaine et fera l'ouverture du supplément avec annonce en une. Deux « Libres opinions » suivront, l'une pour, par Gervais, l'autre contre, mais vantant le style et le contenu, par Hippolyte (il me fera relire son papier avant parution). Dans son journal, d'Avray s'occupera de faire donner l'Académie. À *L'Écho*, l'édito de Babouin sera plutôt tiède, mais un portrait en dernière page contrebalancera ses réserves (me montrer le cliché retenu).

• Féminins : l'édito d'Éva dans *Elles-mêmes* va de soi (je le lui dicterai au lit !) ; pour *Modes et lectures*, j'ouvre grand ma garde-robe, en particulier ma collection de slips et caleçons du monde entier ; me trouver une plume sensible (Natacha ? Cynthia ? Carla ?) pour me fictionner un amour malheureux avec tentative de suicide, tour du monde en solitaire, réclusion pour écrire dans un monastère grec et maintenant cœur à prendre (mais veiller à ne pas en faire *too much*).

• Province : demander à l'agence Play-back de produire une dizaine d'articles standard à fourguer à la PQR avec photos de moi en situation (me montrer les légendes, c'est le plus important). Pas de signatures en librairie, c'est vieux jeu et ça ne couvre pas les frais de déplacement. Seulement des conférences à pas moins de cinq cents personnes garanties, et rémunérées ; recruter des figurants pour filmer quelques bousculades à l'entrée, et demander à Clothilde de passer sur sa chaîne une ou deux séquences au journal de la mi-journée. Je veux bien même être légèrement commotionné, si nécessaire, à condition de ne pas rater l'avion du retour.

N.B. : Dire à la compta (Octave) de penser à verser [*illisible*] euros à Bagnolet (en liquide) pour son travail de rédaction. Mettre le montant en frais de documentation. Et rappeler à Montgeron de faire un avenant à mon contrat portant mes droits à 18 % dont 2 doivent être défalqués pour rémunérer la relecture du manuscrit par Vincent Vincennes. Lui préciser que Champerret renonce à ses poursuites pour plagiat : les avocats se sont vus, le protocole amiable est signé et l'enveloppe contenant la somme convenue a été transmise ; on peut tirer un trait sur cette affaire et menacer de procès en diffamation ceux qui y feraient allusion pour me démolir.

VI

Accompagner les auteurs de maigre importance aux émissions tardives du service public est le privilège qui échoit aux stagiaires et autres sous-fifres à l'heure où patrons et chefs de service boivent le coup de l'étrier dans les dîners en ville, à moins qu'ils n'aient zappé à domicile sur les films polissons d'après le coucher des enfants. Le rendez-vous multiculturel de Martin Pie n'avait rien de particulier en ce qu'on y allait pour se montrer, être bien vu de sa bouchère si par inadvertance elle avait entre-regardé la chaîne ce soir-là ; mais, plus que dans les autres parleries télévisuelles, l'animateur, trônant au centre du studio, projecteurs braqués exclusivement sur lui, ses invités dans une semi-pénombre, faisait les questions et les réponses. La seule chose qu'il ne sût pas faire, c'était se taire. À force, il en avait la bouche plus évasée que la normale, comme celle d'un saxo, si bien qu'en fin d'émission son débit en mots/minute avait presque doublé. Ce qui donnait par exemple :

– Dimitri Blinis bonsoir vous êtes natif de Kebate… Retinba… Iekaterinbourg la ville où comme chacun sait est-il besoin de le rappeler le dernier tsar de toutes les Russies et sa famille femme et enfants en bas âge furent assassinés par les Rouges les communistes bolchéviques soviétiques de Vladimir Lénine et c'est ça qui vous a donné l'idée de… de fouiller dans les parages avec une pelle… une pioche… une pelle-pioche quoi… mais vous nous expliquerez cela en détail tout à l'heure à la recherche des ossements des restes de ce qui pouvait rester des pauvres martyrs de la famille impériale du tsar Nicolas et de l'impératrice dont vous nous direz aussi un mot car elle était allemande et ça ne lui a pas porté chance non plus qu'à Raspoutine dont vous nous raconterez la mort d'un coup de feu tiré à bout portant par le prince Youssoupoff mais le moine qui soignait le tsarévitch hémophile s'est relevé tout en sang et il a fallu remettre ça et son cadavre a été jeté dans la Neva à moitié prise dans les glaces mais auparavant je dois préciser le titre de votre livre que j'ai lu avec passion de la première à la dernière page et qui vient de paraître aux Presses du Lendemain… il s'agit donc du livre de Dimitri Blinis que je vous recommande chaudement et dont je suppose Frieda Meyerberg vers qui je me tourne maintenant qu'il a été aussi traduit en allemand puisque vous avez été envoyée spéciale de la *Frankfurter Zeitung* au Darfour où vous avez assisté à des choses horrifiantes vraiment épouvantables que vous rapportez dans ce livre très abondamment illustré dont je vais montrer à l'écran si la caméra veut bien se rapprocher quelques clichés assez insoutenables que vous allez nous commenter mais auparavant je veux signaler la présence parmi nous ce soir car il nous fait l'honneur d'avoir répondu à notre invitation de…

Dimitri avait fait le voyage de Moscou en stop, la maison ne pouvant tout de même pas lui payer l'avion pour deux minutes trente de non-intervention sur une chaîne nationale à une heure où le premier cachet commence à produire ses effets sur l'insomniaque le plus endurci. « La prochaine fois, m'avait dit Blédine en ne plaisantant qu'à demi, on prendra une doublure parmi les magasiniers en lui demandant de baragouiner trois mots de moldo-valaque, ça fera aussi bien l'affaire ! » En attendant, notre auteur, qui s'était déjà rebiffé sous le blaireau de la maquilleuse, truellait son fond de teint avec ses doigts et avait fini par extraire de sa poche de poitrine une fiasque de vodka qu'il avait vissée à ses grosses lèvres de moujik à la tignasse paillée avant de la tendre généreusement à sa voisine psychanalyste, abstème ou slavophobe, qui déclina.

– … les événements coups de cœur de la semaine, poursuivait cependant Martin Pie, dont l'exposition au Petit Palais sur le thème de la peinture excrémentielle dans l'univers carcéral, et sur les écrans parisiens la nouvelle comédie très très amusante et même d'une drôlerie irrésistible de notre toujours jeune fantaisiste national que je n'ai évidemment pas besoin de vous présenter et dont voici pour finir dans la joie un extrait…

Le plus dur, c'était le retour. Il fallait boire un coup, parfois manger quand l'enseigne d'une brasserie ou d'une pizzeria clignotait encore sur la trajectoire ramenant à l'hôtel une étoile. Là, une bière après l'autre, il fallait écouter tout ce que l'invité aurait pu dire si l'occasion lui avait été donnée d'en placer une et s'il avait eu l'envie ou le courage de couper la chique à l'intarissable baratineur dont la jactance l'avait laissé coi. Était-ce la fatigue du voyage, la touffeur régnant sur le plateau, le débit impavide du moulin à paroles sur qui convergeaient les objectifs de quatre caméras, l'impression que ce dernier allait peut-être présenter son livre bien mieux qu'il ne l'eût fait, voire ne parler, tout le temps de l'émission, que de lui ? Dimitri ne savait plus très bien ce qu'il était venu faire à Paris ; l'alcool aidant, il avait dévié de son discours refoulé pour se mettre à raconter de manière échevelée un roman qu'il était en train d'écrire, et je sus dès cet instant qu'à son retour là-bas, à Iekaterinbourg, ses compagnons de bar auraient droit à un récit complet de la nuit que lui aurait fait partager, sitôt après l'émission, la maquilleuse du studio n° 7.

VII

Je grimpai d'un échelon dans l'estime et l'attention de Montgeron du jour où mes travaux de colmatage, calfatage et calfeutrage me conduisirent à accrocher un peu de chair aux agapes de Vendredi saint que servait, à raison d'une arête par page blanche, Emma Rasmusen, troisième épouse danoise du patron des Presses du Lendemain. Ces pensées frugales, d'inspiration végétale et animale, teintées de shintoïsme et dont le sens pouvait se perdre dans les volutes de bâtonnets d'encens, plaçaient le commun des lecteurs devant des gouffres de perplexité où l'esprit le plus affûté, plongeant comme pour un saut à l'élastique, revenait à son point de départ sans avoir trouvé ni touché le fond. Gouffres à cette image, mais béant cette fois d'admiration, abondaient les commentaires des critiques à la solde de l'époux, heureux de savoir sa conjointe occupée à aligner, de sa haute écriture d'écolière armée d'un porte-plume à col-de-cygne, des sentences aussi anorexiques que leur auteur. Diaphane, elle prenait des poses évanescentes dans les magazines de mode et répondait aux interviews d'une voix aussi parcimonieuse que ces chanteuses dites, par leurs imprésarios, « confidentielles », dont le marmonnement de mourantes se distinguerait à peine des bruits de fond de la vie si elles n'expiraient sur scène en play-back.

C'est ainsi qu'afin de ne plus rééditer la mésaventure des *Malentendants* et de rétablir sa cote auprès des Six Montgeron me chargea – à l'essai, précisa-t-il, moins par prudence que pour rogner d'emblée sur le montant de la pige – pour son quinzomadaire d'un reportage façon cirage de bottes ou massage thaï auprès des jurés de ce prix qui honorait notre prestigieuse actualité littéraire. J'allai donc les trouver l'un après l'autre ; ils me réservèrent cet accueil empreint d'une condescendante affabilité dont les ex-grands de ce monde gratifient les importuns venus leur dévorer un temps qu'ils voudraient mesuré alors qu'ils en ont à ne savoir qu'en faire.

Au terme de cette mission où le journalisme complaisant se mêlait aux grandes manœuvres éditoriales, ma récolte se présentait comme suit ·

NOTES : SIX SUR SIX

1. Désiré Viroflet, 96 ans, auteur de *Ma vie et des poussières*, sept tomes déjà parus.
2. Donatien Loison, 69 ans, auteur du *Cœur sur la main*, prix de l'Assistance publique.
3. Martial Labbé, 85 ans, prix des Six pour *Mon cousin germain*.
4. Rémy Chausson, 88 ans, Grand Prix de Littérature populaire des comités d'entreprises de l'industrie chimique pour *Les Caramels*, suivi de *Bonbons fourrés*, suivi de *Berlingots* et de *Cachous* (à paraître).
5. Giulio Brindisi, 84 ans, prix Lénine pour son premier roman, *L'Homme de béton*, prix du Pen Club pour le tout dernier, *Les Canards de Barbarie*.
6. Maryvonne Godival, 80 ans, prix de la ville de Namur et du ministère de la Condition féminine pour sa saga *Les Hourvaris*.

OPINION DE CHACUN SUR LES CINQ AUTRES

De Viroflet :

Sur Loison : Il est de loin notre cadet. On lui a cédé le prix en viager. Mais, gonflé de sa nouvelle importance, il risque à tout moment l'apoplexie.

Sur Labbé : Il ferait vingt fautes par dictée dans les collèges à son nom qu'il inaugure. Le pauvre a cru qu'écrire pour la jeunesse conserve ; c'est le contraire ! Quand il va lire ses historiettes dans les classes, on l'oriente vers le cours préparatoire ; les petits n'y comprennent goutte, mais au moins ne lui rient-ils pas au nez.

Sur Chausson : Quand vous lui parlez, sa mâchoire du bas se décroche, on dirait un tronc d'église réclamant son dû ; si par malheur vous êtes un peu long, sa bouche déborde, des filets de bave dévalent des commissures, qu'il éponge avec ce qui lui tombe sous la main : encore heureux que ce ne soit pas dans la vôtre !

Sur Brindisi : Du fait des biographies grisâtres de la plupart, nous avions besoin à notre table d'un survivant de la grande Histoire : ancien des Brigades internationales, rescapé de Dachau, puis de Vorkouta, ex-disciple de Gandhi, converti à l'intégrisme libéral et à la marchandisation des idées : quoi de plus décoratif que cette girouette si rouillée que plus aucun vent ne la fait tourner ?

Sur Godival : Adorable, cette mangeuse de moules-frites qui parle comme si elle se brûlait la langue à chaque mot. Tout l'emmerde et elle se fout de tout.

De Loison :

Sur Viroflet : C'est mon père spirituel. Je lui dois tout. Je ne sais pas ce que nous deviendrions sans lui.

Sur Labbé : Si énoncer un tel palmarès n'était pas absurde, je dirais volontiers qu'il est notre plus grand prosateur vivant, et qu'aucun ne sera près de le remplacer quand il ne sera plus.

Sur Chausson : C'est le compagnon le plus rigolo que je connaisse. À peine a-t-il ouvert la bouche qu'on se roule par terre. En plus, aux fourneaux, il n'a pas son pareil pour le clafoutis aux navets. Il nous manquera.

Sur Brindisi : J'ai un énorme respect pour ses cheveux blancs. C'est un survivant, et pour moi c'est le genre de titre qui vaut tous les autres. S'il ne tenait qu'à moi, je le verrais bien plus tard au Panthéon.

Sur Godival : Chaque fois que je la rencontre, elle me fait penser à ma pauvre mère et j'ai envie de pleurer. C'est d'ailleurs bien simple : elle pourrait être ma mère.

De Labbé :

Sur Viroflet : Il a édifié toute son œuvre sur son délabrement physique, sa faiblesse morale, son vide spirituel et son ratage social : comment voulez-vous que ça tienne debout ? Il a fini par écrire sous lui.

Sur Loison : Je donne un billet de cent à qui pourra me citer un seul titre de ses romans. De cet arriviste il serait permis de dire qu'il ira loin s'il n'avait déjà largement dépassé ses limites.

Sur Chausson : C'est notre cas social, il perd la tête, écrit comme un pied et sent mauvais : l'incontinent perdu.

Sur Brindisi : Le renégat est arrivé grâce à ce qu'il fut, il s'y est maintenu grâce à ce qu'il a cessé d'être.

Sur Godival : Il fallait bien une femme.

De Chausson :

Sur Viroflet : La coquette dit avoir un an de moins, alors qu'elle en compte trois de plus. Quand on veut lui céder sa place dans l'autobus, il se retourne avec un haut-le-corps pour voir à qui la proposition s'adresse.

Sur Loison : D'un certain point de vue, il a de la chance que ses livres ne se vendent pas : deux ans après, il peut les faire rééditer comme des nouveautés sans que personne, ni la critique ni le public, s'en aperçoive. Et comme son éditeur ne le publie pas pour faire des ventes…

Sur Labbé : Il siège parmi nous comme un archevêque au milieu d'un club de pétanque : l'honneur qu'il nous fait n'a d'égal que le mépris dans lequel il nous tient.

Sur Brindisi : Rien de mieux que les anciens staliniens pour rester tels qu'ils étaient : celui-là ne supporte pas d'être mis en minorité et ne cesse de brandir sa démission comme si nous ne serions pas unanimes à y applaudir.

Sur Godival : Elle est la seule que l'odeur de ma pipe n'incommode pas. Il est vrai que, sur ses vieux jours, elle s'est mise à priser.

De Brindisi :

Sur Viroflet : Il aurait voulu naître prince piémontais ou grand des Asturies ; c'est la petite bourgeoisie pavillonnaire qui, sortie de sa pierre meulière, se donne des grands airs en salonnant chez les douairières de l'île Saint-Louis et en trinquant au porto avec l'occupant, quand il y en a un.

Sur Loison : Avec son béret et sa musette de facteur en bandoulière, il a déjà la moitié d'un uniforme de milicien. Quand il vous tend la main, vous ne savez jamais si c'est pour vous donner le bonjour ou pour vous emprunter de l'argent.

Sur Labbé : Il croit à ses chances pour le Nobel alors que jamais les Suédois ne voteront pour un admirateur de Goebbels. Il a d'ailleurs appris l'allemand dans une méthode Assimil tandis que, moi, je manie la langue parlée : mes professeurs ont été les kapos.

Sur Chausson : Dommage qu'il croie encore en Pétain.

Sur Godival : Comme elle n'a pas levé le nez de son tricot pendant la dernière guerre, elle en a conservé un petit doute sur l'existence des chambres à gaz, mais jamais son nom ne fait défaut au bas des pétitions pour la sauvegarde des chats de gouttière et des rats de cave. Elle vote à la sauvette, comme on dénonce.

De Godival :

Sur Viroflet : J'ai l'impression qu'il ne me voit pas quand je suis là. Du coup, je ne vois que lui, ce qui devient lassant.

Sur Loison : Si j'avais eu un fils comme lui, il y aurait longtemps que je l'aurais abandonné.

Sur Labbé : Il sait trop de choses et tient à le montrer, ça m'angoisse.

Sur Chausson : Il est trognon, mais plus bon à rien. À force d'infantiliser ses lecteurs, il est lui-même retombé à l'âge des billes et des sucettes.

Sur Brindisi : Un héros appointé. Si les noms des amis qu'il a trahis figuraient dans ses livres à la page du même auteur, un recto verso n'y suffirait pas.

COMMENT ILS VOTENT
(D'APRÈS CE QU'ILS DISENT LES UNS DES AUTRES)

Viroflet : pour la maison qui le publie.

Loison : pour qui le paie le mieux, qui n'est pas forcément son éditeur actuel.

Labbé : descend aux toilettes demander par téléphone à son éditeur à qui donner sa voix.

Chausson : pour un livre datant de l'année précédente, quand ce n'est pas pour un des siens.

Brindisi : pour le candidat de son éditeur, sauf s'il est germaniste, ex-communiste, de gauche, nobélisable, d'origine italienne, dépassant ses propres tirages.

Godival : copie sur son voisin de table.

Commentaire de Viroflet : « On a voulu un jour nous imposer un Père la Vertu pour refondre nos statuts. Il a dû renoncer et nous avons dû renoncer à sa présence parmi nous. Comme dit Confucius, pourquoi voulez-vous être honnête avec le hasard ? »

COMMENT, D'APRÈS LES UNS ET LES AUTRES, ILS ONT ÉTÉ DÉSIGNÉS POUR PRENDRE PLACE À LA TABLE DES SIX

Viroflet : coopté grâce à Gontran de Villetaneuse, mort à 103 ans, dont il avait été l'ami de cœur et plus, car affinités.

Loison : un temps responsable d'émissions théâtrales sur Radio Graphie, fit le plein des programmes sur cinq ans en commandant exclusivement des adaptations d'œuvres des Six.

Labbé : imposé par le Président de l'époque en échange d'une distribution générale de breloques républicaines.

Chausson : sélectionneur de titres pour le club des Coupe-papiers, critique dans une quinzaine de feuilles régionales, son air niais en faisait le candidat consensuel par excellence : la voix du ralliement mise aux enchères.

Godival : il fallait une femme qui n'aimât pas trop les hommes.

De cette vendange je tirai un moût vinaigré que je m'en allai porter, pas peu fier, à son commanditaire. Sitôt entré dans son bureau où, à ma surprise, sa vieille teigne de chienne roupillait en ronflotant sur la litière de manuscrits qui lui tenait lieu de coussin, Montgeron s'empara de mes feuillets et, comme si leur lecture eût fait sur lui l'effet d'un prisme, je vis son visage passer du jaune suif à l'indigo. Sa silhouette massive s'estompa à mes yeux, comme noyée dans une brume de chaleur. La carpette étendue à ses pieds ouvrit un œil et articula en bâillant un cri de porte de cachot. Je compris que mon sort était scellé. De fait, ayant perdu sa voix, le patron des Presses du Lendemain me congédia d'un hoquet.

VIII

C'est à la suite d'un entrefilet paru dans le quotidien du matin où officiait Séverine Vacherin – « le journal de tous les centres », soulignait la manchette ; « hormis les centres d'intérêt », précisaient ses détracteurs – que ma carrière prit un nouveau tour. Félicien La Motte-Picquet, arrière-petit-cousin du fondateur, avait échoué là après avoir raté son bac pour la troisième année consécutive. Aux accusations de népotisme dont ils n'étaient pas peu prodigues dans leurs colonnes à l'encontre des dynasties politiques, les hiérarques de la rédaction apportaient la réponse classique : on n'allait pas condamner ce pauvre garçon au chômage à cause du tourniquet de la généalogie. De ce jeune sans-emploi on avait fait la pipelette du milieu littéraire, moins redouté pour sa méchanceté – qui est un don, et il n'en avait guère – que pour la désinvolture avec laquelle il colportait la moindre rumeur à portée d'oreille, de même que, du temps des pandémies de peste, il fallait moins craindre le rat en lui-même que la vermine qu'il véhiculait. Pour lui, la faculté offerte à tous de recourir au droit de réponse, bien sûr limité à un lignage congru, et la frousse de la profession de se mettre à dos un quotidien réputé prescripteur – celui que feuilletaient les autres rubricards afin de repérer ce dont il convenait de parler pour être dans le vent de la correctitude, sans avoir à farfouiller parmi les piles de services de presse avant d'aller les brader au soldeur habituel – valaient permission de rapporter n'importe quoi. C'est ainsi que ce journaliste, fuyant l'information en temps ordinaire, avait déjà eu à son actif l'annonce du rachat des Presses du Lendemain par un groupe batave, le passage de Germaine Dubois chez Édouard Bourdon, patron d'un concurrent, la fameuse Librairie francilienne, et la mort imminente après transfert d'urgence à la Pitié d'Ernest Vaujours, des éditions éponymes, sans compter l'OPA lancée par le magnat du groupe PressBooks sur le consortium multimédia Duplicata, et enfin la découverte, au fond du casier d'un pupitre de l'école élémentaire de Charleville-Mézières, d'un court récit de Rimbaud antérieur de trois ans à ses premiers vers, sous le titre prémonitoire d'*Ardennes-Arabie* – toutes annonces démenties, mais qui, plausibles aux yeux du néophyte, devenaient du même coup possibles et donc crédibles, puisque, comme le disait avec un fatalisme amusé le vieux Vaujours, « avec le temps, toute nouvelle prématurée finit par se vérifier ».

Avec les jours chauds, l'actualité s'étiolait, les tirages étaient à leur étiage, on savait déjà les quelques événements qui feraient la rentrée ; La Motte-Picquet profita de ce creux – mais informé par qui ? par Blédine, pensant agir pour mon bien ? par Germaine, de plus en plus pressée de me voir prendre le large à cause de la faveur que me témoignaient « ses » auteurs ? – pour glisser dans un encadré en Times gras dix lignes sur mon affaire sous un titre gênant – « CENSURE CHEZ MONTGERON ». Cette nouvelle d'apparence anodine, pouvant laisser supposer que j'étais un provocateur ou le dernier des simples d'esprit, risquait fort de me fermer toutes les portes. Or, tout au contraire, dès le lendemain, *Les Intrupescibles* s'offrirent à accueillir mon pensum sur quatre pleines pages, et un message de Jean-José Carpaccio me suggérait un rendez-vous aux Deux Magots le jeudi d'après, à l'heure du premier café.

Il ne m'a été donné de fréquenter Carpaccio que quelques jours en tout et pour tout, mais suffisamment pour faire le tour du personnage. Il apparaissait comme le décalque de ces antihéros désabusés, hussards démobilisés de leur propre légende dont il narrait les avanies dans les pages parcimonieuses qu'il noircissait d'un crayon sec, l'été, choisissant, pour traverser à gué des vacances dont l'ennui lui faisait d'avance horreur, les sites les plus appropriés à son humeur, en Champagne pouilleuse, dans le Perche ou les Dombes.

Brosse poivre et sel, petit bouc teint façon pirate, un anneau au lobe de l'oreille droite, un discret sonotone dans le conduit de la gauche, il arborait au-dessus de la taille chemise italienne pure soie, gilet de percale et blazer d'alpaga ; au-dessous, retenu par un ceinturon de cow-boy, un jean taille basse aussi effrangé qu'un tapis persan, un caleçon à fleurs de papier peint en dépassant par le haut, et par en bas la pointe aérodynamique de Burma rouge vif, la chaussure de sport du non-pratiquant. Il abaissait ses demi-lunes sans monture pour vous dévisager par-dessus les verres, et les ôtait tout à fait pour lire quand par accident cette activité le requérait. C'était un vieil ado amoché par une jeunesse de patachon, arraché à l'insouciance de parties en tout genre, contraint de s'occuper pour acquitter les arriérés d'impôts et les pensions alimentaires qu'il avait laissé s'accumuler derrière lui. À en juger d'ailleurs par les collections de fillettes de pur malt, les sachets de raisins secs, de noix de cola et autres coupe-faim qui jonchaient sa table de travail, on devinait qu'il écumait les frigos des hôtels par où il transitait pour échapper aux sommations du fisc et aux commandements d'huissiers. Au demeurant le plus charmant des hommes, il donnait du « trésor » à tout le monde, y compris au petit gynécée à quoi se réduisait son personnel, mais aussi bien à telle ou telle recrue qu'il congédiait sans préavis en gémissant :

– Trésor, tu sais combien ça me fait mal au cœur, mais tu vaux décidément bien mieux que cette boutique de merde où tu n'as aucun avenir…

Il laissait dire qu'il couchaillait avec celles de ses amies que j'allais surnommer les « bachelières », mais la plupart de ces jeunes chroniqueuses au front migraineux de candidates planchant sur une dissert n'avaient pas de ces penchants-là et si Germaine Dubois, toujours bien informée au chapitre *Who's fucking whom* ?, appelait non sans mépris Carpaccio « P'tite bite », c'était moins pour déprécier ses performances au lit que pour jauger au spiromètre la force de son souffle romanesque. Dans ses récits en petit format de cent pages et des poussières, toute l'intrigue tenait en un week-end en résidence secondaire avec piscine et barbecue, couples vacillants, familles recomposées, ados matures et quadras en crise, dans une composition dite « chorale » que l'auteur voulait légère, sensible, piquante, complainte de notre temps, et que les « bachelières » éblouies qualifiaient avec application, dans leurs articles, de « complainte sensible de notre temps, d'une légèreté pleine de piquant ».

Tout était à ses yeux mauvais, fors ce qu'il publiait.

Mais ce rejet hautain s'affublait, il est vrai, de l'humilité la plus suave : « Non, trésor, je ne me sens pas les épaules assez larges pour publier ça… », ou : « C'est sans doute de première bourre, trésor, mais, vois-tu, c'est trop bête, on ne saura pas le lancer… », ou encore : « Comprends-moi, trésor, avec les faibles moyens dont je dispose, je ne peux pas tout faire… ». En revanche, l'auteur qui, hier, passait à ses yeux pour exécrable chez un confrère à qui il parvenait à l'extorquer devenait, du jour au lendemain, un écrivain d'exception qu'avant lui on avait abîmé en cherchant à brider son expression sauvage sous prétexte de le réconcilier avec la grammaire, ce qu'au grand jamais il ne se serait permis de faire, moins par respect de celui-là que par ignorance de celle-ci.

De même, toute idée tant soit peu originale prospérant ailleurs lui était une ineptie ; la même, plagiée à peu de chose près sous son label, devenait la trouvaille du siècle : il l'avait en tête depuis toujours et seule la carence de ses actionnaires l'avait empêché de la mettre jusque-là en œuvre. Ne lisant aucune langue étrangère, il rachetait à vil prix les droits de traduction d'œuvres semi-classiques assez justement tombées dans l'oubli, et tirait plus de gloire de ces remises en circulation que n'en avaient de loin bénéficié leurs premiers découvreurs, tout un chacun dans la presse et les librairies se félicitant de pouvoir admirer sans grand risque d'erreur des textes mineurs d'auteurs reconnus, à défaut de s'aventurer à accorder le label de l'enthousiasme à des œuvres majeures d'auteurs inconnus.

À ma seconde tasse de café tiède, ce matin-là, remarquant que je ne cessais de consulter ma montre, le garçon ceint d'un tablier blanc qui lui battait les chevilles, et qui m'avait laissé mariner un bon quart d'heure avant de prendre ma commande, condescendit à s'enquérir :

– On attend peut-être M. Carpaccio ?

– En effet. Nous avions rendez-vous il y a maintenant une heure.

– M. Carpaccio ne s'est pas réveillé et a prévenu qu'il ne viendrait pas, sauf qu'il n'a pas indiqué qui il faudrait prévenir. Mais, vous savez, il est coutumier du fait. Il lui arrive de donner plusieurs rendez-vous à la même heure dans quatre bars différents de l'arrondissement. Et si vous tenez à vous fâcher avec lui, vous lui offrez un agenda pour son petit Noël.

– C'est tout ce qu'il a dit ?

– Il a ajouté que vous pourriez le retrouver aux éditions après déjeuner, et qu'il sera tout à vous.

– Tout à moi ? dis-je avec méfiance.

– Ce sont ses mots. Voici votre ticket de caisse. Le service n'est pas compris, mais le verre d'eau est gratuit.

Pour le prix des deux tasses de lavasse dans le marc

duquel j'aurais pu lire la suite de mon histoire, je me fusse payé une omelette au chorizo et un pichet de chiroubles chez Madame Amour, mon caboulot préféré de la rue Guénégaud où se retrouvaient les gagne-petit de l'édition, les employés de la Monnaie ainsi que les Apollons efflanqués et les Aphrodites callipyges sortis de leurs séances de pose à l'école des Beaux-Arts.

Quand je m'introduisis dans le trois-pièces-cuisine qui constituait tout le siège social des NEN – dire : les Nouvelles Éditions nouvelles –, je crus m'être trompé d'étage, mais non : on pénétrait d'emblée dans une kitchenette où les jeunes assistantes de Carpaccio accommodaient un plat bio qu'elles avalaient sur le pouce avant d'aller faire du shopping ou une séance de fitness dans le quartier. En me présentant à l'entrée du bureau du fond, je tombai sur le maître des lieux entouré de trois filles avec qui il avait entamé une furieuse partie de manille coinchée.

– Attends, trésor, je finis le coup et je suis à toi, me lança-t-il sans quitter des yeux l'éventail de ses cartes.

Celles que je sus après coup être mes « bachelières » – toutes fortuitement affublées de prénoms de tisane : Verveine, Camomille et Badiane – portaient des jeans blanchis à la Javel, moulant des cuisses un peu trop épaisses pour être d'adeptes régulières du jogging, des mocassins roses de chez Repetto distendus par leur pointure de premier danseur ; l'été, les échancrures de leurs débardeurs laissaient voir d'en haut et de côté l'absence de soutien-gorge sur des seins flapis par l'allaitement de progénitures imaginaires ; l'hiver, d'épais pulls angora réveillaient chez elles des allergies aux poils de chat et leur flanquaient des sinusites pour mieux leur épargner une fluxion de poitrine. Dispersées parmi les organes d'informations générales et la presse féminine, disciples appliquées de Séverine Vacherin qui leur avait ouvert la voie en envoyant au rencart les vieux rentiers de la critique dont les notes de frais à proximité des champs de courses avaient fini par décourager les magnats de la presse les moins regardants, elles ne parlaient pas d'un livre que leur modèle n'eût déjà dit qu'il convenait d'en parler, en quel sens et sur quel ton. Alors, toutes en même temps se ruaient sur les piles d'exemplaires dédicacés qu'elles avaient écartés d'emblée, en ressortaient l'ouvrage miraculé, et celui-ci se trouvait en un tournemain mis en vedette par cinq ou six journaux dont le lectorat n'était peut-être pas le mieux disposé à partager les goûts de la Vacherin ni à prêter cas à ces révélations de génies aussi soudainement surgis que l'avaient jadis été les apparitions lourdaises à Bernadette Soubirous.

Ces fusées d'enthousiasme saluaient de préférence ce que Carpaccio appelait des « témoignages forts », portés, comme il disait, par des « personnages forts ». Ce charabia recouvrait en réalité les confessions de femmes nées sous X, violées dès leur plus jeune âge, contraintes à avorter, devenues stériles, secourues par une mère porteuse, leur nourrisson kidnappé par celle-ci, répudiées par leur compagnon maghrébin, éprises de leur avocat, victimes d'un jet d'acide projeté par un ami de la famille, condamnées en pleine audience pour outrage à magistrat, pour ne citer que quelques-uns des rebondissements imaginés par lui-même ou sa fine équipe. Ces destins, à l'heure de l'après-dîner, faisaient le plat de résistance d'émissions du type « Et si ça vous arrivait demain ? », dont les millions de téléspectateurs n'en revenaient pas, au générique de fin, d'être encore de ce monde et de n'avoir eu à déplorer, cette saison-là, que le redoublement de classe de l'aîné et une pénalité pour retard de paiement du dernier tiers provisionnel.

Mais les « bachelières » du grand journalisme parisien, toutes anglais première langue (et d'ailleurs la seule), accordaient aussi une place de choix au roman d'un réalisme brut, quasi bestial, volontiers scatologique, étalant les névroses masculines au sein d'une moyenne bourgeoisie américaine terrorisée par la peur du krach et du déclassement, de la Chine et des pays émergents, mais aussi de la montée des océans et de la chute de leur libido, dans un style en franche rupture avec l'introspection chichiteuse des romanciers à lustrines de la vieille Europe ; au nouveau roman nippon, écrit à l'os, avec son sadisme soft et des figures récurrentes tirées des mangas ; enfin aux biographies réactualisées de Simone de Beauvoir, aux correspondances retrouvées de Simone de Beauvoir, aux thèses en provenance de Princeton ou de Heidelberg consacrées à Simone de Beauvoir, car il eût fallu beau voir qu'on ne parlât plus de celle qui, née d'un genre neutre, était devenue femme.

Peu sûres d'elles, elles ouvraient leurs articles par une haie de préambules urticants censés décourager tout soupçon de complaisance ou de conformisme, du genre : « Bien sûr, faire un sort au livre de cette jeune victime inconnue va surprendre, voire déplaire à la critique à œillères encore imprégnée des canons machistes dominants d'avant-hier… », ou : « Bien sûr, attirer l'attention sur un auteur trop bien connu comme Douglas MacFarlane risque d'apparaître comme une bénédiction de trop donnée au pape du roman noir transatlantique… », ou encore : « Bien sûr, après ce qu'en a écrit en termes inimitables Séverine Vacherin, on ne peut que souscrire à son jugement et redire avec nos pauvres mots ce qu'elle… ». La conclusion, comme refermée par un courant d'air, claquait la porte au nez de l'éventuel contradicteur : « Ne pas lire X…, ne pas le recommander à toutes et à tous, c'est passer à côté d'un classique d'aujourd'hui et de demain : que les tenants du pseudo-goût français se le tiennent pour dit. »

Est-ce pendant leurs parties de cartes que se fomentaient ces révélations réverbérées de quotidiens en magazines et de stations de radio en plateaux télé ? Toujours est-il qu'une bonne moitié d'entre elles promouvaient la production de Carpaccio, comme si, en piochant dans le gros talon proposé à leur choix, une seule couleur, celle, d'un jaune acidulé, des Nouvelles Éditions nouvelles, leur paraissait digne d'être retenue pour composer leurs annonces. Parmi les élus, outre de vieux copains de lycée et de surprises-parties qui avaient retrouvé la trace de Carpaccio et qui, recalés de la vie professionnelle, le persuadaient de les dépanner par un petit contrat de commande – copains dont il lui arrivait de faire des vedettes d'un jour ou d'un an pour mieux les jeter comme des mouchoirs en papier après usage –, les « bachelières » y allaient aussi de leur mini-roman annuel tricoté dans les mêmes laines : délicats attouchements entre filles, ecchymoses matrimoniales, hideur du sexe mâle dans sa turgescence comme dans sa flaccidité, coups d'épingle de l'envie à la vue de seins trop bien gonflés, coups d'alène de la jalousie au spectacle d'un couple enlacé, coups de poinçon du désespoir après la scène de rupture, pleines coupes du champagne rosé de la réconciliation dans une chambre d'hôte au lit à baldaquin – trames dignes des romances de la presse du cœur d'autrefois, rehaussées d'un zeste de rapport Kinsey, de réminiscences de *Bilitis*, d'*Histoire d'O*, d'*Emmanuelle*, écriture et sentiments en pattes de mouche. L'essentiel résidait dans la posture de victime de l'héroïne, brûlant de courir s'offrir au premier venu dans le soufflet entre deux wagons, à l'arrière d'un taxi, parmi la foule comprimée de la ligne Pont-de-Neuilly/Château-de-Vincennes dans l'affluence de six heures du soir, dans les toilettes et les cabines téléphoniques des bars-tabacs ou les isoloirs d'essayage des grands magasins, et tout aussi ardente à hurler à l'agression, à la maltraitance, à l'attentat, aux sévices, au martyre, à en appeler à la solidarité acheteuse et liseuse de cette moitié d'humanité souffrante qui faisait entendre, des magazines les plus ringards aux périodiques les plus audacieux – de *Geisha* et *Moi-je* à *Sexuelles* et *Hormones*, « le menstruel des panthères grises » –, le chœur immémorial de sa révolte, de son insoumission et de son inextinguible douleur.

Il ne serait pas dit que l'éditeur à succès de la victimisation du genre humain ne se sentirait pas lui-même malmené par la férocité des temps – au premier chef, celle du gros de ses confrères, suppôts du tout-marché, de la trivialité beauf, de l'arrière-garde, des valeurs patriotardes et académiques. Le lamento qu'il ne pouvait diffuser dans la presse où ses partenaires de manille coinchée ne tarissaient pas de dithyrambes sur sa production, il le réservait d'abord aux jurys, petits et grands. J'eus tôt fait de comprendre, au bout de quelques entretiens, en quoi ma mésaventure auprès des Six l'avait intéressé : en leur faisant croire que j'avais agi d'un bout à l'autre sur ordre de Montgeron, y compris en laissant publier mon pensum dans *Les Intrupescibles*, il pensait rafler les faveurs que s'était naguère gagnées auprès d'eux le patron des Presses du Lendemain – mais aussi et surtout celles des libraires, en appelant à la solidarité inter-victimaire, eux qui enduraient la voracité des groupes et l'empiètement déloyal des grandes surfaces. Il multipliait à leur endroit les ronds de jambe, les révérences, les prosternations, leur laissant imaginer que la survie de sa très modeste entreprise était suspendue à un fil qu'il leur revenait de ne pas sectionner. Il remettait entre leurs mains expertes et clémentes le sort fragile d'un livre qu'eux et eux seuls étaient capables de catapulter au niveau du succès, véritable exploit dans le contexte de faillite annoncée auquel l'authentique littérature, l'unique, la seule vraie, était confrontée. Il applaudissait à leur discernement dès qu'un frémissement se manifestait dans les ventes d'un de ses titres, en attribuant le mérite exclusif à leur effort désintéressé, à leur goût si sûr, à leur culture si étendue, à leur efficacité si affirmée, eux, les seuls à pouvoir se prévaloir de cette découverte que tout un chacun leur devait, eux, les seuls et uniques à ne pas avoir été détournés de leur vocation par la cupidité et l'abâtardissement général des métiers du livre. Il faisait aussi insérer de grands placards dans les organes professionnels où il donnait en lettres capitales du « HONNEUR AUX LIBRAIRES ! », « Le soutien des libraires n'a pas de prix ! », « Le livre qu'aiment à défendre les libraires », « Les libraires au secours de la jeune littérature ! », etc. Il ne se cachait pas de ne pas lire ce qu'il savait ne pas devoir publier : pour lui, la lecture d'un manuscrit décliné risquait d'être source de remords, voire, pis encore, de doutes et de revenez-y ; quant à celle d'un livre destiné à la publication, elle était source de réserves, de chipotages, et l'enthousiasme mis à le soutenir s'en trouvait attiédi et entamé d'autant.

– Vois-tu, trésor, me disait-il, je ne peux pas me permettre de publier un bon livre qui ne soit pas de mes amis ; il y a d'autres éditeurs pour ça. Quant à ceux de mes amis, comment veux-tu que je les trouve mauvais ?

En trois rencontres et quatre coups de cuiller à pot, Carpaccio qui, à l'instar de l'abbé de l'Épée, n'aurait pas eu son pareil pour rendre volubile un hospice de sourds-muets, me soutira tout ce que je savais des petits et grands secrets auxquels j'avais eu accès durant mon séjour aux Presses du Lendemain : et les à-valoir mensualisés d'untel, et le droit de préférence et les royalties de tel autre, et l'âge exact de Germaine Dubois, et la marque de whisky préférée de Félix Lamdsdorff, et la gérontophilie présumée de Blédine, et la part du capital conservée par Montgeron, et le montant des dessous-de-table versés en début d'automne par M. Octave à la quinzaine de jurés manipulés par la maison, et le nombre de magnums de Mumm envoyés pour Noël aux uns et aux autres – sans oublier les paniers de fruits confits de chez Fauchon portés à ces dames avec, en sus de la carte de visite, une pièce d'un dollar or datant de l'époque du scandale de Panama, aisément convertible en pendentif ou en billets craquants, devise prélevée sur l'énorme cagnotte de Mme de Montgeron mère qui, quand on lui parlait livres, entendait sterling.

Nanti de ces informations, Carpaccio fit le siège de certains auteurs sur lesquels il crachait la veille, il tenta de débaucher Lamdsdorff – lequel confirma sa fidélité à toute épreuve aux Presses du Lendemain moyennant une augmentation d'un quart de son salaire et la pose d'une moquette neuve dans son bureau – et il convainquit la majorité des Six que l'opération dont *Les Intrupescibles* s'étaient faits le vecteur avait été ourdie de bout en bout par Montgeron pour se venger de la désertion de Viroflet et du prix décerné aux *Malentendants*, la prétendue censure dont j'avais été victime n'ayant été qu'un habile habillage pour donner encore plus de retentissement à la dénonciation du joug que faisait peser sur la vie des lettres ce ramas de gâteux, d'imposteurs et de vendus.

La dernière fois que je vis Jean-José Carpaccio, ce fut derechef aux Deux Magots, pour le premier café du matin. Il était grandement en avance sur l'heure convenue, ainsi qu'en témoignaient les reliefs d'œufs brouillés dans l'assiette posée devant lui, et le garçon au tablier blanc de derviche me servit sur-le-champ avec une prévenance inaccoutumée. Ce jour-là, il ne cessa de déverser sur moi un tel déluge d'éloges, soulignant ma sagacité, mon courage, mon respect de la déontologie, mon humour rare, mon flair peu courant, qu'à jeun je me sentis tout barbouillé. Et, tout en me dorant si bien la pilule, il s'autoflagella, tâtant tantôt le petit anneau d'or à son oreille gauche, tantôt le discret sonotone à la droite, comme pour vérifier qu'ils n'avaient pas permuté durant la nuit. Il pleura sur ses pauvres mérites, son ignorance des ressorts du métier, sa naïveté, l'indigence de ses moyens, l'impression qu'il avait de s'être fourvoyé, de sorte que, le laissant sur sa banquette de moleskine dans l'attente d'un autre rendez-vous, je ressortis sur le parvis de Saint-Germain convaincu d'avoir exaucé mon vœu le plus cher : j'étais enfin reconnu comme éditeur – sauf, petit détail, que je n'avais ni maison ni emploi.

IX

– Cette fois-ci, on le tient, m'avait dit Carpaccio le lundi précédent. J'en ai rêvé cette nuit : ça ne trompe pas.

C'était au Chou farci, la taverne biélorusse qui jouxte Le Poisson volant, la fameuse table où se décerne chaque 1er avril le Grand Prix des Six. Le flamboyant parieur avait acheté pour un chèque à sept chiffres (traduction de l'américain : un suivi de six zéros) l'outsider des années précédentes, Yann Noirmoutier, partout salué comme le chef de file d'un courant « plus franchement trash que réaliste mais moins sordide que carrément dégueu », pour reprendre la formule ramassée du chroniqueur des *Intrupescibles*. Son dernier roman, *Les Nombres impairs*, célébration du triolisme, avait recueilli une critique du feu de Dieu, soulignait Carpaccio, laquelle avait alimenté des insertions publicitaires en pleine page dans les quotidiens de référence.

– Il a tout pour lui, reprit l'éditeur d'une voix soudain moins assurée. Le sujet est tendance. C'est de la littérature sans s'en donner les grands airs. C'est écrit sans chichis, tout le monde peut lire ça, jusqu'aux vieilles filles et peut-être même surtout elles. Tu peux te promener avec et l'ouvrir là où ça te chante, au pieu, aux chiottes, dans le RER, à la messe, sous le nez de ta femme : personne ne t'en fera grief. Avec le prix, je te jure, ce sera le jackpot : on atteindra le million. Et je ne parle pas des traductions. Tiens, dans les pays de l'Est et du Nord où on se paluche tout l'hiver pour se réchauffer les mirontaines, je te prends le pari : un autre million d'exemplaires…

Il avala sa salive, rasséréné, puis plissa à nouveau le front :

– Il y a des moments où je me demande si on n'en a pas fait trop, reprit-il en désagrégeant de la pointe de la fourchette la farce de son chou.

Il est vrai que les confrères frustrés de n'avoir pu surenchérir pour rafler Noirmoutier sous le nez de Carpaccio n'avaient pas manqué d'entonner des couplets outragés dénonçant la politique du carnet de chèques, eux qui eussent volontiers doublé la mise si l'occasion leur en avait été donnée. En plein cocktail après la réception de Lucien d'Avray à l'Académie, Germaine Dubois était même allée jusqu'à demander, en se bouchant le nez, d'où pouvait venir cet argent qu'avait sorti de sa poche un Carpaccio qui avait mis sa maison sur la paille en publiant des thèses – elle enflait sa voix rayée de fumeuse : « DES THÈSES !!! » et prenait à témoin le Tout-Paris des lettres comme s'il n'y avait rien eu de plus scabreux au monde que d'éditer ces pavés abscons dont elle n'aurait pas voulu chez elle, clamait-elle, pour caler sa table ou alimenter sa chaudière –, et Landsdorff avait fait écho à sa question en l'assortissant d'une interrogation faussement inquiète : « La Mafia ? »

– Tu penses qu'on aurait dû proposer un compte à demi occulte à Roblochon, histoire d'avoir ses deux voix et de bétonner l'affaire ? poursuivit Carpaccio, sur le ton de la conspiration, en repoussant son assiette où stagnaient les restes refroidis de farce et de chou.

Il porta à ses lèvres sa chope de bière d'un beau brun doré et je vis sa pomme d'Adam aller et venir comme si le liquide qu'il avalait sans reprendre haleine n'avait été destiné qu'à faire passer une demi-douzaine de noyaux de pêches.

– Encore dix minutes, rota-t-il après avoir essuyé la mousse de ses lèvres sur le dos tavelé de sa main droite.

En quelque saison qu'ils se décernassent, tous les prix étaient annoncés sur le coup de treize heures dans l'espoir souvent déçu de faire en direct l'ouverture du journal télévisé de la mi-journée. Le Grand Prix des Six comptait encore parmi les rares élus, alors que le Nobel était de plus en plus relégué au bulletin d'infos de la nuit, d'autant plus quand le lauréat mandchou ou monténégrin était inconnu au bataillon, cas devenu de loin le plus fréquent.

– Non, décidément, je ne crois pas qu'un autre parmi la dernière sélection pourrait le décrocher, récapitula Carpaccio. La vieille Québécoise Guillemette Ragondin ne peut compter que sur la voix de Chausson qui s'entête à la faire publier chez Édouard Bourdon, à la Librairie francilienne. Le jeune Pipeau ? Son bouquin ne compte pas cent cinquante pages, les libraires feraient grise mine. Bon, devant Recanatti, avec *Les Champs de lavande*, on ne peut pas faire la fine bouche, d'ailleurs j'ai publié ses premiers livres, mais il dévide des périodes bien trop longues pour ces vieux édentés : à leur âge, il leur faut de la viande hachée, du jambon mouliné, et encore, à petites bouchées ; si la phrase dépasse une ligne, ils ont oublié le sujet quand ils en arrivent au complément. Quant à Melchior Sansonnet, il a bientôt cent ans, et si Brindisi ne l'avait pas imposé en surnuméraire sur la liste finale, personne ne serait allé le sortir de l'hospice. Reste notre petit Yann. Tiens, où il est passé, celui-là ?

Noirmoutier était descendu depuis déjà un bon moment aux toilettes, fumer un peu d'herbe qui fait rire pour tuer le temps et se remonter le moral, et surtout n'avoir pas à parler de ce prix qu'il savait déjà ne pas devoir obtenir : l'iguane apprivoisé dont il ne se séparait jamais, même en voyage, avait refusé sa laitue matinale, à l'hôtel, et la mascotte n'avait pas arrêté de secouer la tête, comme victime d'un torticolis, tout en bavant une sorte de glu verdâtre et malodorante. Pour couronner le tout, en prenant sa douche hebdomadaire – de son enfance paysanne il avait gardé l'habitude de ne pas gaspiller l'eau –, la chaînette à son cou s'était rompue et le petit phallus porte-bonheur en acier trempé que lui avait offert pour ses treize ans sa première maîtresse avait dégringolé dans le trou d'écoulement ; il avait eu beau s'esquinter les ongles à vouloir le rattraper, il n'avait pas pu.

– Bon, ça va être l'heure.

Carpaccio parti pour le restaurant voisin, Noirmoutier n'avait pas tardé à réémerger de l'escalier en colimaçon où il avait disparu après m'avoir emprunté mon briquet. Il m'adressa un petit signe : « Je m'en vais. » Avait-il profité de sa descente au sous-sol du Chou farci pour passer un coup de fil depuis la cabine et s'enquérir du résultat ?

Jean-José Carpaccio ne reparut pas et j'en fus réduit à faire un chèque en bois pour régler les trois repas.

Dans sa dernière édition de l'après-midi, le journal de référence de Séverine Vacherin titra : « Le Grand Prix des Six couronne un jeune auteur de quatre-vingt-seize ans. » L'ardente critique écrivait : « L'autobiographie romancée de Melchior Sansonnet a la fougue et l'exaltation de l'engagement adolescent. Son inspiration épique relègue aux poubelles de la littérature bon marché les torche-culs flattant chez nos contemporains le goût de l'ordure et du déclin, tendance symbolisée par le discours visant à rabaisser en permanence la femme comme depuis toujours la tradition machiste occidentale dénoncée en termes inégalés par Beauvoir… »

On devait apprendre quelque six semaines plus tard que la Vacherin avait mis de l'huile dans le vinaigre de ses appréciations sur l'auteur des *Nombres impairs* au cours d'un déjeuner à trois avec Yann Noirmoutier et Roblochon junior. Au fromage, ce dernier avait fait signer l'infortuné postulant au Grand Prix des Six pour un chèque à cinq chiffres, disaient les uns – à sept, rectifiaient les autres, mais pour quatre livres.

X

Un jour, à mes débuts chez Montgeron, Lamdsdorff m'avait pris à part pour manger sur le pouce au zinc du Blueberry's, quartier général des Presses du Lendemain où l'on savait trouver Blédine devant son premier blanc sec à dix heures tapantes. Là, il m'avait conté l'histoire d'André Mallerot, auteur refusé partout et par tous. Nul n'ayant pu le convaincre d'écrire sous pseudo, ce romancier honnête, adepte de la critique sociale et à contre-courant des boboïsmes à la mode, était allé trouver Bodin de Tilbury, star du récit historique qui débitait le millénaire de monarchie française comme un jambon à l'os, de chaque tranche ou tome obtenant le prix du morceau entier, et il l'avait supplié, à bout de ressources :

– Aidez-moi à ne pas me croire fini. Je vous demande un petit geste qui ne coûte rien : lorsque vous remettrez à Montgeron votre prochain manuscrit, substituez-y le mien comme si je vous l'avais donné à lire et que vous vous étiez trompé en le glissant dans l'enveloppe.

Tilbury s'était exécuté de bon cœur : le succès ne lui avait pas fait renier ses origines ni le souvenir de son père unijambiste qui, sous son patronyme portugais, ressemelait les chaussures dans la loge de concierge que tenait sa mère du côté de Ménilmontant.

Quelques jours plus tard, le fils du savetier avait reçu un appel haletant du patron des Presses du Lendemain :

– Superbe, inouï, un chef-d'œuvre, mon cher Bodin. Je n'en ai pas dormi de la nuit ! Vous avez accompli votre révolution culturelle tout en vous hissant au sommet de votre art. Ah, le personnage du petit postier, Grégoire Lemerle, l'hymne à l'engagement syndical qu'il incarne…

– L'action syndicale ? Mais, Montgeron, mon roman se déroule sous François Ier…

– Non, je vous assure, *Le Pain rassis* va faire un tabac dans les comités d'entreprise.

– Je vous le répète, Montgeron, mon livre s'intitule *Les Châteaux de la Loire*…

– Mais alors, où est-il, et qu'est-ce que ce manuscrit que vous m'avez remis ?

– Il est d'un de mes amis. Par mégarde, j'ai dû intervertir. Mais puisque vous l'avez trouvé aussi épatant, je compte bien que vous allez le publier.

– Mais de qui est-ce ?

– André Mallerot.

– Ce raté ?

– Allons, Montgeron, vous n'allez pas revenir sur votre opinion ni vous déjuger.

– Bon, mais à une double condition : du six pour cent sur tous tirages, et un à-valoir symbolique. Et que diriez-vous d'y mettre deux mots de préface afin que votre nom figure aussi en couverture ?

Pour son roman suivant, Mallerot avait eu beau le dédier à Tilbury, « mon bienfaiteur », Montgeron y avait mis son veto, vu l'insuccès radical du *Pain rassis* dont les retours équivalaient à peu de chose près au nombre d'exemplaires facturés – déduction faite de la dizaine de volumes que la mère d'André avait achetés sur ses étrennes et distribués aux locataires de l'immeuble.

– Il n'y eut donc pas de prochaine fois, avait conclu Lamdsdorff. Au demeurant, il n'y eut pas non plus de première : je t'ai fait marcher. Tu ne trouveras pas un seul auteur qui soit disposé à se prêter à cette comédie en faveur d'un confrère dans la dèche et ayant de surcroît plus de talent que lui… Tu prendras bien un irish coffee ?

J'avais serré les dents, esquissant un sourire forcé.

XI

Comment espérer jamais travailler aux côtés d'un modèle quand ce qui faisait la première qualité de ce dernier était de travailler seul ? Économe de ses propos, répétant volontiers les mêmes, Raoul-André Sémiolevsky, dit « R.A.S. », fondateur, animateur et employé unique des Éditions R.A.S., aimait, à l'approche de la rentrée littéraire, camper le rôle de l'outsider, bénéficiaire éventuel d'un raté dans le Yalta des prix, offrant par là à tel ou tel jury l'occasion d'une rédemption de ses péchés des années précédentes. D'une simplicité non exempte de rouerie, il se présentait comme un humble artisan bouclant à peine ses fins de mois, mais de si petite taille qu'elle lui épargnait d'être broyé par les mastodontes au milieu desquels il évoluait comme une poussière entre des meules. Je ne manquais jamais de découper ses déclarations que j'affichais et relisais comme un évangile dans ma chambre du Pré-Saint-Gervais.

Ainsi dans *Livres-Infos* de cette semaine-là :

Livres-Infos : Quel aspect de votre métier préférez-vous ?

R.A.S. : Je suis un manuel. Le meilleur de mes journées, c'est l'heure du facteur. Ce sont tantôt deux-trois, tantôt dix-douze colis qui s'empilent sur un établi que m'a légué mon père ébéniste et sur lequel je travaille. Et là, je déballe. Je ne laisserais à personne le soin de le faire à ma place.

Livres-Infos : Les bonheurs des matins de Noël, quand vous découvriez les paquets au pied de l'arbre ?...

R.A.S. : Chez nous, il n'y avait ni arbre ni paquets. Juste une orange, les années fastes.

Livres-Infos : Donc, vous vous empressez d'ouvrir l'arrivage quotidien ?

R.A.S. : Je ne me presse pas du tout, au contraire.

Livres-Infos : Vous savourez l'instant ?

R.A.S. : J'examine chaque colis. Pas un qui ressemble à l'autre. Chacun demande à être ouvert à sa façon. Tantôt c'est une cordelette, une faveur, un bolduc, un élastique, une lanière, un fil de fer, un bout de raphia, un rivet, un bouton-pression ou une corde à piano qui ferme l'envoi. Il peut y avoir tantôt une ou plusieurs épaisseurs de ruban adhésif, scotch, sparadrap, chatterton, tantôt de la colle de menuisier, d'amidon, de la glu ou de la dissolution, tantôt une combinaison de plusieurs de ces moyens. Le matériau de l'empaquetage varie lui aussi : carton plat, ondulé, papier-cadeau, kraft, sac plastique, toile, cuir, flanelle, molleton, boîte à chaussures, étui, cagette, coffret, parfois garnis de paille, de sciure, de crin, d'ouate, de copeaux de bois, de bris de liège, de laine de verre, de flocons de polystyrène : tout existe ! À chacun correspond l'outil adéquat pour l'ouvrir : coupe-papier, canif, lame de rasoir, tranchet, couteau de cuisine, ciseaux, cisailles, percerette, poinçon, tenailles, désagrafeuse, tournevis, bédane, chignole, voire l'index ou la main entière quand, à la dernière extrémité, il faut déchirer.

Livres-Infos : Ce qui doit vous fendre le cœur ?

R.A.S. : S'il faut en passer par là, je n'ai pas d'états d'âme. L'ouverture d'un envoi de manuscrit est une sorte de corps à corps, un rapport de forces dans lequel le destinataire ne peut avoir le dessous. Ce serait d'avance m'avouer vaincu par la pression sociale exercée de l'extérieur sur mon jugement. Or je dois me comporter en éditeur indépendant.

Livres-Infos : Et une fois l'emballage défait ?

R.A.S. : Trois cas de figure se présentent : soit une lettre d'accompagnement est agrafée à la couverture du manuscrit, soit elle est glissée à l'intérieur, soit il n'y a pas de lettre, mais la simple mention d'un domicile ou d'un numéro de portable.

Livres-Infos : Pour vous, ce sont là des signes qui ne trompent pas ?

R.A.S. : Je commence par faire trois tas différents. Après quoi, en général, pour ne pas être influencé, je glisse les lettres du premier tas à l'intérieur des manuscrits correspondants, et je réduis ainsi le nombre de tas à deux.

Livres-Infos : Les envois avec lettre et les envois sans…

R.A.S. : C'est cela même. Après quoi, je place les envois sans lettre d'accompagnement sur l'autre tas, ce qui fait que le courrier de ce jour-là ne fait plus qu'une seule et même pile.

Livres-Infos : Vous arrive-t-il de recevoir des envois anonymes ?

R.A.S. : C'est sans doute une des expériences les plus traumatisantes qu'il nous soit donné d'endurer dans ce métier : que faire ? Refermer le pli ? Le restituer le lendemain au préposé ? Qui va recueillir ces œuvres orphelines ? Il serait temps que le syndicat et les pouvoirs publics se penchent sur la question.

Livres-Infos : Vous arrive-t-il de ne pas ouvrir un colis ?

R.A.S. : C'est le cas chaque fois qu'un emballage a

déjà servi à envoyer un manuscrit à un confrère dont on devine, au-dessous des nôtres, les nom et adresse à peine rayés sur le papier kraft. Nous, petits éditeurs indépendants, ne sommes pas les ramasse-miettes des monopoleurs. Dans ce cas, je renvoie sans déballer ni affranchir au précédent destinataire.

Livres-Infos : Comment s'exerce votre jugement sur ces manuscrits ?

R.A.S. : Je les hume un à un. La plupart ne sentent rien : je les mets de côté. Parmi ceux qui restent, un bon nombre exhalent une odeur particulière, tantôt légère, tantôt entêtante, mais qui, au bout de quelques minutes, s'est entièrement dissipée. Ils vont rejoindre la pile des disqualifiés. Les spécimens restants, rarissimes en vérité, dégagent un arôme prégnant, persistant, pérenne, et je sais déjà, sans risque de me tromper, que c'est la signature olfactive d'une œuvre réussie.

Livres-Infos : Vous remballez et renvoyez vous-même les textes inodores ?

R.A.S. : Non, ce serait au-dessus de mes possibilités. On peut venir récupérer son manuscrit à la maison d'édition. À défaut, au bout d'un mois, il passe au broyeur.

Livres-Infos : Et les rescapés ?

R.A.S. : Les publier serait aussi au-dessus de mes moyens. Mais je ne vois pas non plus pourquoi je les renverrais. Ils attendent là, en pile, sur le coin de mon établi. Il ne sera pas dit que j'aurai refusé un bon livre.

Livres-Infos : Le magazine *Lectures* vient de vous sacrer « éditeur de l'année » alors que vous n'avez publié aucune nouveauté depuis janvier dernier : voyez-vous là un encouragement à persévérer ?

R.A.S. : Un artisan aussi démuni et marginal que moi ne peut qu'être sensible au fait que son travail ne passe pas inaperçu. Mais je me suis toujours tenu à l'écart des hommages, des décorations, des signes de reconnaissance sociale. Je me méfie des honneurs visant à me faire rentrer dans le rang et dévier de ma ligne. Celui qui infléchira mes choix n'est pas né.

Quand se confirma le bruit que le père de Raoul-André Sémiolevsky détenait des intérêts dans une maison de compte d'auteur où les manuscrits inodores ou odoriférants que son fils n'avait pas daigné ouvrir trouvaient à s'éditer à une poignée d'exemplaires pour le prix d'une mobylette flambant neuve, je détachai, la mort dans l'âme, les coupures de journaux de mon papier peint lie-de-vin ; n'y subsistèrent que des rectangles d'un rose délavé qu'aucunes vues idéales, professionnelles ou autres, ne vinrent plus recouvrir.

XII

« Le jeune Chris Toffine, fondateur et animateur de la collection “Luttes ouvertes” aux Presses du Lendemain, label sous lequel il avait déjà publié deux titres, le *Journal d’un guérillero tchétchène* et *Manuel de subversion à l’usage des classes de troisième*, a rompu avec la maison d’édition qui l’hébergeait et décidé de créer la sienne. Il a notamment déclaré : “Après l’intolérable acte de censure visant à empêcher la déclinaison de mes manuels de subversion jusqu’à la classe de sixième, j’ai résolu de travailler en toute indépendance au sein de ma propre entreprise qui constituera un foyer de combat contre l’ordre établi, hors des circuits conventionnels de l’édition asservie au pouvoir en place.”

Le siège de la nouvelle société est établi au 9 bis, rue Verdeau, petite artère du Ve arrondissement qui va lui donner son nom. Bien qu’il n’ait pas encore de nouveautés à exposer, Chris Toffine a décidé de tenir un modeste stand au Salon du livre de Paris afin de montrer symboliquement que son activité d'éditeur militant se poursuit. »

Livres-Infos, 3 mars 2005

*

« Chris Toffine, ex-collaborateur des Presses du Lendemain et fondateur des Éditions Verdeau, a décidé de céder 90 % des parts de sa maison aux Éditions Roblochon, et a déclaré à cette occasion : “La répression occulte dont a témoigné ces derniers temps le silence absolu fait autour de nos publications, notamment de la part des grands groupes multimédias, m'a conduit à mettre les Éditions Verdeau à l'abri d'une grande maison familiale indépendante dont la solidité sera pour nous le meilleur gage de liberté. Le soutien financier qui nous est apporté à cette occasion nous permettra à brève échéance de quadrupler notre production, de faire droit à des débats trop longtemps étouffés et de porter des coups d'autant plus sévères aux tenants de l'ordre établi.”

On nous précise que le siège de la maison de Chris Toffine restera implanté rue Verdeau, mais que son stand au prochain Salon du livre de Paris sera intégré à l'espace de deux cent cinquante mètres carrés réservé aux Éditions Roblochon. »

Livres-Infos, 4 mars 2006

*

« À la suite d'un différend que Chris Toffine qualifie d'"idéologique", mais à propos duquel la direction générale des Éditions Roblochon parle quant à elle de "gouffre financier", le fondateur et animateur des Éditions Verdeau a décidé de faire racheter ses parts par ses parents, industriels basés à Lisieux. Aucun communiqué n'a été publié à la suite de cette transaction. D'après les organisateurs du Salon du livre de Paris, aucun stand n'a été retenu cette année au nom des Éditions Verdeau. »

Livres-Infos, 2 mars 2007

*

« Le groupe Press-Books, poursuivant sa politique d'acquisitions tous azimuts, tant en France qu'en Amérique latine, en Inde et en Afrique du Sud, a racheté la petite maison indépendante animée par Chris Toffine, les Éditions Verdeau, installées rue du même nom, dans le Ve arrondissement. À cette occasion, l'éditeur contestataire a déclaré : "À l'heure de la globalisation des échanges, il nous est apparu que le bouclier culturel offert par un grand groupe multinational et multimédia permettrait d'assurer à nos publications un développement et une diffusion sans précédent. À rebours d'une conception étriquée, chauvine et caduque de notre métier, nous allons, au sein de Press-Books, constituer la pointe avancée de l'édition de demain."

Un stand de quinze mètres carrés a été réservé aux nouvelles Éditions Verdeau dans ce qu'il est convenu d'appeler l'"allée Press-Books" du prochain Salon du livre de Paris. »

Livres-Infos, 5 mars 2008

*

« Les difficultés rencontrées par les nouvelles Éditions Verdeau, déjà passées du statut de filiale autonome à celui de département du groupe Press-Books, ont conduit la direction générale de celui-ci à en réduire le périmètre et à en faire une simple collection, toujours placée sous la direction de Chris Toffine mais apparaissant désormais comme une sous-marque de la Librairie francilienne. Le fondateur des Éditions Verdeau a déclaré, rayonnant : "On n'imagine pas le bonheur d'un éditeur enfin débarrassé des contingences matérielles et libre de se consacrer à plein temps à son travail de passeur."

D'après la direction commerciale de la Librairie francilienne, un demi-rayonnage sera consacré à la collection de Chris Toffine au Salon du livre de Paris qui va s'ouvrir dans quelques jours. »

Livres-Infos, 9 mars 2009

*

« On a appris que Chris Toffine, fondateur des Éditions Verdeau et jusqu'à hier directeur de collection à la Librairie francilienne, filiale du groupe Press-Books, avait démissionné de ses fonctions.

Ayant hérité de son père, il y a peu, une prospère fabrique d'objets de piété basée à Lisieux, Chris Toffine a décidé de tourner le dos à l'édition pour reprendre les rênes de l'entreprise familiale. Il s'est refusé à toute déclaration.

On précise à la Librairie francilienne que, par respect pour le droit moral de son fondateur et animateur, la collection animée par Chris Toffine ne sera pas poursuivie. »

Livres-Infos, 2 mai 2009

XIII

On la filait au fumet qu'elle dégageait. Chaussée de sabots comme on n'en voit plus que dans les musées de folklore, coiffée d'un bonnet bécassin, elle allait, un bras passé dans l'anse d'un panier d'osier rempli de fromages de chèvre, du plus frais au plus avancé, et, par en dessous, de manuscrits de son cru. Elle faisait régulièrement la tournée des éditeurs du quartier, passant de bureau en bureau sans même se faire annoncer, forçant le barrage des standards, amadouant les secrétariats, et, une fois que son aplomb, son exotisme et son odeur l'avaient introduite dans la place, elle offrait ses crottins et proposait ses écrits. Ceux-ci étant forcément imprégnés du souvenir de ceux-là, rares étaient les curieux à pouvoir résister longtemps à leur lecture.

Convertie aux préceptes du Grand Véhicule, à moins que ce ne fût du Petit, ou des deux, elle s'appuyait sur le dogme de la réincarnation pour prôner la recyclabilité de toutes choses, et profitait de son porte-à-porte pour mener croisade en faveur de la pâte de récupération des pilons et des bouillons ; elle poussait loin le prosélytisme en défendant dans le plagiat la meilleure façon d'instaurer une économie durable de la création artistique, les idées, loin de mourir après usage, revivant par la copie dans d'autres contextes – méthode qu'elle-même illustrait par les manuscrits joliment brochés sous couverture de peau de bique, confectionnés à l'instar d'une marqueterie de morceaux choisis tirés du patrimoine ou des dernières nouveautés.

C'est à elle, Anémone Duplancher, et aux chèvres qu'elle élevait sur un terrain vague de grande banlieue que je dus, durant ces semaines d'oisiveté forcée, de n'avoir pas succombé à la faim, même si j'en conçus pour le restant de mes jours une certaine allergie à leur production fromagère. C'est aussi cet odorant sillage qui me conduisit jusqu'aux Éditions Verdeau où les effluves rousseauistes de ma cantinière ne semblaient indisposer personne, mais où sa farouche défense et illustration de la bonne Mère Nature la rendait persona grata.

C'est aux Éditions Verdeau, alors dans une ultime flambée d'activisme, que publiait ses manifestes Steve Starver, pape mondial de l'économie hyperdurable – que ses victimes sans nombre eussent été fondées à qualifier d'« hyperduraille » –, notamment à cause de la création d'une Taxe Universelle sur les Éléments et Ressources Indispensables à l'Existence (la TUERIE), dont il préconisait l'application à l'air pur, à l'eau potable, aux sols cultivables, à la nourriture, au vêtement, etc., bref, à tout ce qui, du fait de la croissance économique globale, était en voie de raréfaction, ce qui permettrait, en contrepartie, de réduire considérablement les prix de détail du superflu. Ce pédagogue émérite ne reculait pas devant les métaphores hardies, comparant la Planète à un hypermarché dont les rayons « Alimentation » étaient en passe d'être dévalisés et dont le gérant, en y quintuplant les prix et en divisant par cinq ceux du rayon « Cosmétiques », par exemple, détournait le flux consumériste du premier vers le second, restaurant ainsi les équilibres globaux un temps menacés. La théorie de Starver connaissait une grande vogue parmi une gauche en quête de nouveaux paradigmes, malgré des expériences de mise en œuvre dans le Tiers-Monde jugées assez décevantes. Elles avaient en effet entraîné, sans soulever d'émotions particulières, des dizaines de millions de morts non violentes parmi les ventres creux, tous équipés d'iPhone, d'ordis portables, de rasoirs électriques, de produits dépilatoires et bien sûr aussi de Rolex pour décompter les dernières heures qu'il leur restait à vivre, mais dont on n'aurait plus pu dire qu'achetées à vil prix elles l'avaient été pour une bouchée de pain.

L'œil et le cheveu charbonneux, le teint cireux, les traits émaciés, Chris Toffine, le grand escogriffe qui animait cet éphémère phalanstère éditorial, rejeton de grands bourgeois bien-pensants ayant fait fortune dans la fabrication de vierges miniatures recouvertes d'un enduit phosphorescent, avait décidé de troquer la soutane, à laquelle il paraissait promis, contre la robe du procureur, ou, panachant le noir et la pourpre, de se réincarner de son vivant, si l'on peut dire, en nouveau Torquemada. L'inflexibilité de sa voix allait de pair avec les propos les plus fantasques, et si ses sentences péremptoires vouaient à la géhenne quiconque proférait des avis divergents des siens, ses théories et projets relevaient plutôt d'un donquichottisme d'adolescent attardé chevauchant chaque matin, pour se rendre au siège des Éditions Verdeau, en guise de haridelle, une haute bécane hollandaise à guidon droit, courant sus aux moulins à vent de la droite moisie, de la gauche transie et des révolutionnaires rancis.

Les bons pères qui avaient si bien enraciné en lui, jusqu'à l'induration, les vertus de repentance et de pénitence, n'avaient probablement pas prévu que, conscient de son altière supériorité, il attendrait qu'elles fussent exclusivement cultivées par autrui. De même convient-il de rappeler que ni le matérialisme historique, ni la dialectique marxiste-léniniste, ni le moindre rudiment d'économie politique n'avaient effleuré son ouïe durant les cours qu'il avait suivis. Son approche de la vie publique et des problèmes de société était exempte de références aussi méphitiques. Quant à ses idées personnelles, elles ne se réfractaient pas en traversant de tels prismes : pour lui, il y avait le vrai, i.e. ce qu'il croyait tel, et il y avait le juste, i.e. ce qu'il estimait devoir être fait. Hors de ces bornes, point de salut. Entre elles deux, un flux d'énergie faisait crépiter les initiatives, les anathèmes et les provocations.

Il n'y avait pas assez d'espace, dans son front étroit froncé à tout propos, pour abriter une mémoire où la complexité des faits eût trouvé à loger ses linéaments. Abrogation, promulgation, destitution, restauration, révocation, etc., il confondait volontiers tous ces vocables abscons et ce n'était encore rien à côté de la numérotation des monarques, des pontifes et des républiques dont il jetait au petit bonheur les tantièmes comme des jetons à la table d'un casino. Il lui fallait du simple, du simplissime, et il s'employait à massicoter ce qui passait les limites de son entendement. La seule loi qu'il voyait lumineusement à l'œuvre dans la marche en noir et blanc de l'humanité, c'était celle d'un tentaculaire complot universel qu'il était loisible de décomposer en autant de conspirations secondaires qu'on voulait. En faisaient naturellement partie les manœuvres et menées des lobbies et groupes puissants visant à l'étrangler, lui, et à étouffer le travail de salubrité publique qu'il accomplissait en dénonçant urbi et orbi les forces du mal et les suppôts du pire.

Peut-être sous les cratères éteints de sa mémoire couvait-il des feux qui n'avaient pas fini de rejeter leurs émanations soufrées. On disait la mère, née Maud de la Tranche de Mortagne, monarchiste grand teint, et le manoir familial arborait encore à son entrée l'antidevise que son aïeul y avait fait graver : « Inégalité, subordination, obéissance » – le chauffeur lui ayant fait un jour traverser à Paris le quartier de Barbès, elle qui ne mettait jamais les pieds dans la capitale s'était enquise de savoir si l'on avait inauguré une nouvelle exposition coloniale ; l'agent martiniquais à qui elle s'adressait par la vitre mi-baissée avait failli braquer sur elle son flash-ball. Quant au père, il n'avait pas résisté, si l'on peut dire, à l'appel de la Milice, et il n'avait eu de cesse, depuis cette fâcheuse entrée dans la vie, de la réécrire à sa façon sur le thème d'un double ou triple jeu au service d'on ne savait trop qui. On ne pouvait donc s'étonner que, pour le fils, le mot « république » fût devenu l'étiquetage dont se paraient d'affreux nationalistes chauvins hostiles à la reconstitution de l'Empire carolingien ; quant aux années noires de la guerre, obstinément opaques elles restaient à l'occasion du développement qu'il en faisait, à l'instar d'une prise de vue ratée.

À partir de ces lacunes et de ce double legs parental, Chris Toffine avait conçu un goût exacerbé pour les « affaires », non pas celles du businessman, mais celles du commissaire instructeur face à toutes les turpitudes réelles ou supposées passant à sa portée. D'une petite affaire il savait faire une grande, et d'une grande une affaire d'État. Un jour, c'est la tentative d'attentat contre la Tour de Londres qui se trouva imputée à l'entourage du duc d'Édimbourg pour faire diversion aux démêlés du prince consort avec la souveraine –, thèse d'autant plus séduisante, arguait la jeune auteure lancée sur le coup, friande de moteurs de recherche et de copié-collé, que Google fournissait maints détails probants sur les connexions des gardés à vue avec la Grande Loge de rite écossais, lesquels avaient été arrêtés porteurs de bâtons de dynamite sous leur kilt. Un autre jour, c'est un prétendu expert en pharmacologie et médecine légale qui expliquait dans un fort volume documenté, préfacé par un membre de l'Institut, la mort suspecte du ministre de la Sécurité publique par inhalation d'une dose létale de drogue hallucinogène en lieu et place du sinapisme qu'il était accoutumé à prendre, le soir au coucher, pour ronfler moins, expliquait sa veuve au sommeil précaire ; un lobby de casinotiers liés à la mafia turkmène était à n'en pas douter à l'origine de la substitution, la bonne recrutée depuis peu, ex-croupière à Palavas-les-Flots, s'étant volatilisée sitôt le forfait perpétré. Une troisième enquête de proportions géopolitiques nouait les fils rattachant des éléments en apparence aussi étrangers les uns aux autres que le suicide de la star du porno italien Carlotta Zizi, le meurtre du patron apatride de l'émetteur off-shore WWTW, le crash du Falcon du secrétaire aux Affaires panafricaines et antarctiques, et surtout le chèque en bois du Trésor aux preneurs d'otages ouïgours qui avaient pris un fâcheux lapsus du Quai pour une fatwa occidentale contre le lait de yak fermenté, sans compter, *last but not least*, la liste des membres d'une organisation intitulée la Main à six doigts, qu'on avait retrouvée parmi les papiers personnels de l'archiprêtre du Sacré-Cœur, mort dans les bras d'un jeune pompier montmartrois qui lui pratiquait le bouche-à-bouche en dehors de leurs heures de service respectives.

Régulièrement, ces scoops ubuesques faisaient la *cover* de feuilles à sensation qui, tout en feignant de prendre leurs distances avec eux moyennant des « prétendument » ou des « si l'on en croit… », y collaient comme la merde aux poils du cul, eût dit le père Jarry.

Et tout aussi régulièrement, ces baudruches aussi grosses que des zeppelins se dégonflaient à coups d'infimes rectificatifs ou de lettres glissées dans le courrier des lecteurs, après que des plateaux télé pour et contre, contre et pour, aussi tempétueux que tonitruants, eurent fait vendre assez d'exemplaires pour faire oublier les mines dégoûtées des culs-serrés, parangons de l'information objective, incapables de lâcher un pet sans avoir tourné la langue sept fois dans leur bouche.

Avec un compagnon de débine connu au lycée durant l'année du bac et qui avait déjà franchi, lui, plusieurs portiques ouverts à ces départs que le marasme proposait aux candidats au licenciement économique – comme, en 14, on avait offert aux vaillants pioupious une gourde de ratafia et une capote garance pour aller reprendre l'Alsace et la Lorraine –, avec l'ami Ludo, donc, déjà spécialiste du genre, je me hasardai à proposer à Chris Toffine toute une gamme de scoops plus ou moins plausibles. Ils étaient en tout cas moins alambiqués, fantasques et foireux que les siens, et nous les échafaudions en coupant dans le vif des échos de la presse à cancans et à coin-coin. Ainsi des honoraires mirobolants de cet ancien avocat d'affaires promis à un destin européen et qui eussent suffi à subventionner vingt restaurants universitaires pendant vingt ans ; ainsi des conditions du basculement dans le camp du pouvoir d'un de ses caricaturistes les plus sarcastiques, passé du vitriol au miel et à l'encens, devenu archidiacre des ondes d'État ; ainsi des malversations scabreuses commises au sein d'associations humanitaires subventionnées par l'État et transformées en tremplins politiques par des petits démerdards mettant à profit quotas et tocades pour annexer des places dont leur sens aigu de l'entraide et du prêt sans reçu les rendrait indélogeables ; ainsi des exemples d'esprit d'entreprise donnés dans les plus hautes sphères où l'exercice d'une fonction publique n'empêchait pas bon nombre d'agents d'ouvrir des cabinets de consultants où la parentèle entière, voire des pièces rapportées recrutées parmi amants ou maîtresses, étaient admises à faire fructifier des carnets d'adresses qui valaient carnets de commandes, bordereaux d'encaissement, voire chèques au porteur ou liquidités.

Mais, tout feu tout flamme dès qu'il s'agissait de feuilletons abracadabrantesques dont le tapage retombait sans laisser plus d'échos qu'un pétard de fête à neuneu, Chris Toffine se montrait on ne peut plus chipoteur et même soupçonneux dès que certains sujets mettaient en cause des protagonistes dont l'évocation risquait de réveiller l'attention sur les accointances maternelles avec les milieux créationnistes et la vieille garde de la nostalgie fleurdelisée, ou sur les errements de jeunesse de son géniteur qui en avaient conduit plus d'un dans les convois de la mort. Il était encouragé dans cette vigilance par sa concubine plus âgée que lui, Maria Dimitrievna Prochine. Petite-fille d'un ancien indic de l'Okhrana ayant rallié au bon moment le NKVD, elle avait suivi son père pour échapper aux purges et avait bâti sa vertigineuse carrière universitaire sur une adhésion sans faille au syndicat rouge orthodoxe, puis, passant l'éponge, avait adhéré aux maospontex. Son militantisme l'avait amenée à combattre avec ardeur les social-traîtres et pour une tabula rasa dans le camp des forces de progrès qu'elle n'avait cessé de mitrailler du feu de ses critiques afin de mieux rallier elle-même – « en désespoir de cause », disait-elle – celui de l'efficience, autrement dit celui du pouvoir, quel qu'il fût. Surnommée « Béria » par ses collègues, elle sévissait dans les milieux de la socio-linguistique où elle excommuniait, excluait, exécutait à tour de bras ses concurrents et contestataires. Elle lançait pétitions sur pétitions, campagnes téléphoniques de mobilisation, harcèlements textuels, mettant à profit pages de libres opinions, courriers des lecteurs, droits de réponse et chroniques du jour pour lancer ses oukases et ses fatwas qu'en bonne manipulatrice elle habillait de longs couplets pour dénoncer les conjurations dont Toffine et elle, victimes expiatoires, faisaient l'objet de la part de nouveaux Cent-Noirs dissimulés depuis toujours derrière la prétendue objectivité des sans-parti pris.

– Votre ami Ludo ne serait-il pas un brin antisémite sur les bords ? me demanda-t-elle un jour, d'une voix sucrée.

– Votre ami François aurait-il quelque chose de particulier contre les mouvements féministes ? demanda-t-elle le jour d'après à Ludo.

– Vous n'auriez pas un projet bien ficelé sur la corruption au sein de la direction palestinienne ? nous demanda le surlendemain Chris Toffine avec l'œil rond d'une pie-grièche lorgnant une Rolex.

Ludo était partisan d'échafauder vaille que vaille quelque chose sur ce canevas, en mouillant des ONG antisionistes, des exaltés de la droite souverainiste et quelques notabilités de la haute banque protestante. C'est alors que je reçus une pressante invitation à déjeuner de Cécile Ducharme dans le petit salon qu'elle disait réserver à mon intention au Dôme ; je laissai tomber notre quête de scoops avalisés par la Béria pour une douzaine de Tsarskayas, les huîtres préférées de Nicolas II, au fameux établissement faisant l'angle du boulevard du Montparnasse et du boulevard Raspail.

XIV

– Alors ? me dit-elle en pressant un demi-citron artistiquement découpé en gueule de requin au-dessus de ma première cancale. Mais vous préférez peut-être le vinaigre aux échalotes ?

– Je préfère nature, répondis-je à Cécile Ducharme dont le blond platiné commençait à s'ourler, à la racine des cheveux, d'une résurgence de châtain feuille-morte.

– Alors ? reprit-elle. Vous êtes au courant ?

– Oui, enfin non…

– C'était dans les journaux, ce matin, et j'ai fait deux radios. Le président togolais m'a confié ses mémoires avec les droits mondiaux à la clé, sauf pour les trente dialectes de son pays. C'est mon quarante-septième chef d'État.

– Fichtre ! Presque l'Onu…

– Si vous saviez comme je dois me battre parce que je suis une femme et que je me suis faite moi-même. Qu'est-ce qu'on dit de moi chez les confrères ?

– Que l'Académie des Sciences morales est à vos pieds à cause de votre oncle, et celle des Inscriptions à votre main à cause de votre frère. L'Unesco vous est acquise du fait de votre époux, et quant à la rue de Valois…

– Voyez ces envieux ! Au contraire, ce sont là autant de handicaps. J'ai dû me démener comme une folle pour accéder à l'autonomie, et qu'on ne me dise pas que je n'ai eu qu'à me baisser pour cueillir mon catalogue comme on ferait de l'herbe à lapins. Qu'est-ce qu'on raconte encore ?

– Que vous êtes capable de téléphoner tous les quarts d'heure, de nuit comme de jour, pour arracher son consentement à un auteur…

– Jamais de la vie. C'est moi qu'on harcèle au téléphone pour me refiler des projets sans intérêt. Mais quoi encore ?

– Qu'une fois l'auteur sous contrat, il n'entend plus parler de vous : vous passez à un autre sans même un regard pour ce qu'il écrit.

– Quel aplomb ! Je passe mes nuits à corriger tous les manuscrits. On oublie que j'ai fait le Caltech, Heidelberg et l'université de Pékin, et que mon mémoire de doctorante sur les troubles de la cognition chez les grands singes a été publié aux Presses de l'université de Yamoussoukro. Vous savez tout cela, au moins ?

– Non, oui... Je débute...

– Je vois. Et vous, comment me trouvez-vous ?

– De quel point de vue ?

– Oh, le coquin... Ne soyez pas si entreprenant : je suis mariée.

– Loin de moi...

– Mais rassurez-vous : l'opinion des hommes m'intéresse, sur tous les plans.

– Eh bien, vous êtes une professionnelle...

– Vous dites cela pour me faire plaisir ?

– Non, oui...

– Vous aimeriez bien travailler un jour pour moi, ne prétendez pas le contraire.

– Oui, non, oui...

– C'est bien. Continuez. Vous êtes comme moi, vous ne prenez jamais de dessert ?

– Non, non.

– Ni de café, je pense ? Vous pouvez demander le vestiaire.

XV

On avait annoncé le Président, protecteur des lettres, des arts et des lois, féru de mangas et de haïkus en langage texto, mais une raison d'État l'avait retenu plus longtemps que prévu du côté de Saint-Tropez. Le Premier ministre, amateur de livres de cuisine et de récits gothiques, était occupé, lui, dans sa circonscription à soutenir, à l'occasion d'une partielle, un candidat de sa majorité en ballottage difficile. La ministre de la Culture, elle-même auteur d'une biographie d'André Claveau, le crooner d'après-guerre, était bloquée à l'Assemblée par une question considérable, celle du taux de TVA applicable aux cartes postales reproduisant les œuvres d'art du patrimoine vendues dans l'enceinte des musées nationaux. Cosignataire d'un fameux dictionnaire d'espéranto, son collègue de l'Éducation, censé la remplacer, était séquestré pendant ce temps dans un lycée professionnel de la Grande Couronne dont les élèves réclamaient le paiement anticipé en cash de leur allocation individuelle d'assiduité. Pressentie pour se dévouer au pied levé, la secrétaire d'État aux Aînés, aux Handicaps, au Temps libre et aux Sports avait invoqué sa grossesse avancée pour écarter la perspective d'un tel marathon. C'est le ministre délégué au Travail manuel et aux Entreprises unipersonnelles qu'on attendait en définitive pour sacrifier au rituel de l'inauguration du Salon de Paris, et la plupart des professionnels du livre, loin de se formaliser de cette débandade gouvernementale, n'étaient point trop mécontents d'avoir affaire à une excellence taillée à leur modeste échelle. Ancien artisan plombier, cet autodidacte franc du collier était donc chargé cette année-là de promener de stand en stand le chef d'État togolais, invité d'honneur, éminent connaisseur de la littérature orale de son pays en langues éwé et kabiyé, ainsi que celle en langues songhaï et yoruba du Bénin voisin. Le président du Syndicat, le directeur, le directeur adjoint, le chef de cabinet et ses deux adjoints, le sous-directeur du Livre et leurs entours avaient reçu, en temps utile pour le potasser, un petit mémo sur ces spécialités peu répandues.

Les patrons de groupe qui tutoyaient le Président et le Premier ministre, mais qui ne vendaient ni armes ni machines-outils au Togo et encore moins au Bénin, étaient déjà repartis, qui pour une séance de fitness, qui pour un plateau « Eco-plus » sur l'érosion des cours de Bourse, laissant le soin d'accueillir le cortège officiel à leurs préposés aux relations publiques. L'itinéraire suivi prévoyait une première halte au stand des éditions Cécile Ducharme où trônait, parmi une quarantaine de mémoires de chefs d'État ou de gouvernement disposés face aux visiteurs à la manière d'un vaste trombinoscope, une pleine palette du recueil de *Discours* du président togolais publié à cinq mille exemplaires payés cash par l'ambassade avec remise de cinquante pour cent sur le prix public hors taxes, la vente au détail se limitant à un dépôt de deux-trois volumes dans les *Relays* d'Orly-Sud et de Roissy-Charles-de-Gaulle. Le président africain resta un long moment à méditer devant sa photo géante suspendue au-dessus des quatre mètres cubes de messages imprimés portant sa signature, comme éberlué que des propos chez lui si volatiles pussent s'être solidifiés jusqu'à représenter une masse aussi compacte. Il avança une main prudente vers un des volumes comme pour en vérifier le contenu, et, à l'instant où il en soulevait la couverture, Cécile Ducharme se rua à ses côtés et les flashes crépitèrent.

Aussitôt, des sortes de hululements s'élevèrent et les photographes firent volte-face pour cadrer la petite forêt de pancartes et de banderoles brandies par une bande de jeunes compatriotes à l'adresse de leur leader :

« Élections sans triche ! », « Censurez la censure ! », « Corruption = sida ! », « L'Afrique aux Africains ! » – bref, le répertoire habituel. Il y eut des remous, on vit affluer des malabars noirs en costume anthracite et col de chemise amidonné, un tortillon branché dans le conduit auditif. Les perturbateurs furent emportés vers les issues comme les grumes flottantes d'okoumé charriées là-bas par les rapides jusqu'à l'estuaire.

Tandis que le commissaire écumait sur son portable à tel point qu'on eût dit qu'il allait l'avaler tout rond, le ministre en charge du Travail manuel et des Entreprises unipersonnelles trouva des mots plaisants pour détendre l'atmosphère. Les inaugurateurs trottinèrent vers le modeste stand de poésie contigu où ils reprirent haleine en feignant un vif intérêt pour le pantoum malais, l'odelette provençale, la fatrasie, l'épithalame et les vers rhopaliques, moquant l'importance des « blancs » dans les recueils d'avant-garde :

– Du gruyère, ces plaquettes, on n'en a pas pour son argent, jugea la Puissance invitante.

– Ils n'ont peut-être pas eu assez de mots pour dire le silence, hasarda avec indulgence l'Invité d'honneur.

– Ça se vend quand même, ça ? reprit l'ex-artisan plombier avant de se détourner sans attendre la réponse, poussé par le cortège qui, son parcours minuté, s'était remis en branle.

À ce moment courut la rumeur que le fameux entarteur, décidément sur tous les coups, avait déjà sévi en encrémant Martin Pie, haute figure du petit écran, mieux connue pour couper la parole à ses invités que pour la leur donner. Le pâtissier empapaouteur poussait maintenant le terrorisme jusqu'à mêler à sa chantilly des mûres et des fraises des bois dont l'écrasement striait de coulées sanglantes le masque enneigé de ses victimes. Au soulagement manifeste du commissaire, le service d'ordre reparut, armé de deux grosses épuisettes semi-rigides dont furent coiffées à titre préventif les têtes de cortège.

Faisant queue depuis un quart d'heure pour obtenir d'un possible futur Nobel une dédicace dont je pourrais tirer le jour venu un bon prix, c'est dans cet appareil que je les vis s'approcher, tels un prélat et son coadjuteur sous leur dais, du stand de la considérable maison Roblochon où les attendaient, altiers, un brin condescendants, l'aïeul fondateur, le fils patron en titre, le petit-fils et héritier déjà directeur adjoint en charge du numérique, et sa jeune épouse enceinte jusqu'aux cheveux d'une éventuelle relève.

Auguste Roblochon s'apprêtait à dévider la petite allocution qu'il avait préparée à l'intention du Président retenu par ses obligations sur la Côte, puis amendé et réamendé au fur et à mesure des empêchements successifs des uns et des autres, quand j'entendis une voix jaillie du sein du cortège hurler mon prénom.

D'emblée, je reconnus Ludo. Il fendait la foule grossissante des officiels, des reporters et des curieux et, s'adressant d'abord au Togolais, puis à moi, puis au ministre délégué, il dévida un condensé d'explications :

– C'est mon copain François… Je suis chauffeur intérimaire à l'ambassade… J'ai eu mon permis du premier coup… Je me suis mis à mon compte…

S'ensuivit, au pied d'un volume géant représentant le mille unième volume de la collection « La Totale », une palabre digne d'une lascive après-sieste au bord de la lagune du côté de Porto-Novo, cependant que les membres de la dynastie Roblochon feignaient de remettre leurs montres à l'heure et que la suite ministérielle commençait à s'égailler dans les allées du Salon.

Ce soir-là, je partageai un poulet aux arachides à la résidence diplomatique, puis Ludo et moi écoutâmes le vieil Africain, les yeux mi-clos, le geste économe, égrener jusqu'au petit matin des histoires remontant au royaume d'Abomey. Je sus alors qu'un jour je partirais à la rencontre des hommes-livres.

XVI

– C'est Ludo qui m'a dit que je pouvais venir te trouver. Tu te rappelles les cours de français avec le père Dorémy ?

– Celui qu'on surnommait Mirédo quand, après deux-trois grogs, il se cassait la gueule sur une plaque de verglas ?

– Et le surgé, Quasimodo, quand il nous piquait à bouquiner ou jouer aux cartes après l'extinction des feux dans les couloirs des gogues…

– Comme il avait sur la langue un cheveu qu'il n'avait plus sur le caillou, avec lui ça n'était jamais zinq ni zept heures de colle, mais ou quatre ou huit.

– Et Cassiopée, la prof de cosmo qui faisait le vide au premier rang à cause de son haleine à décoller les affiches…

– Là, j'avais déjà largué les amarres.

– C'est vrai, en terminale t'as manqué ça.

Antoine Givré ? Livret ? Divray ? Je n'ose lui demander. Les gens se fâchent qu'on n'ait pas gardé d'eux un souvenir au moins égal à celui qu'ils paraissent conserver d'une poignée d'années communes. Moi, je serais plutôt du genre à montrer de la gratitude à ceux qui m'oublient, mais comment la leur témoigner sans leur rappeler par là qu'on s'est connus ?

Antoine était premier en tout, ce qui mettait une distance entre lui et la paire de peut-mieux-faire que nous formions, Ludo et moi. A-t-il trop travaillé du bulbe ? Il se déplume et a beau rabattre sur son front quelques mèches comme du varech sur un galet humide, on voit déjà le quadra chauve et scoliotique qu'il sera demain.

– Donc, t'es dans l'édition ? me fait-il.

– On peut dire les choses comme ça. Et toi ?

– J'ai passé l'agreg et j'essaie d'apprendre la langue de Schiller à des gosses des cités qui ont déjà du mal avec le français.

– Tu penses en sortir ?

– Au mieux, j'irai faire lire Rilke et Thomas Mann à Neuilly, à des gosses de riches qui ne savent même pas où se trouve Berlin.

– J'ai donc bien fait.

– De quoi ?

– De ne pas jouer les prolongations.

– On a malgré tout quelques loisirs : tiens.

– C'est quoi ?

– De la poésie.

– Traduite de l'allemand ?

– Non, de moi.

– Ah.

– Tu dois avoir l'habitude. Tu peux me dire franchement comment tu trouves ça.

– C'est que… Là, tout de suite ?

– Oui, Ludo m'a dit que… C'est pas long et je suis venu pour ça.

Antoine fume la pipe. On a dû s'installer en pleine mi-décembre en terrasse du McDo où il m'a princièrement invité à manger un croque-madame en échange d'une consultation littéraire. Je sens que je vais choper une angine.

J'ouvre le cahier : des alexandrins. Rimés richement, à l'ancienne. La première lettre de chaque vers à l'encre rouge, le reste en violet.

Je me racle la gorge. Même lèvres closes, je ne peux pas lire des vers sans m'éclaircir la voix.

De temps à autre, je lève les yeux sur Antoine qui, ramassé sur son siège – prêt à passer sous la table ou à me bondir à la gorge, je ne sais trop –, épie le moindre de mes gestes comme pour vérifier que mon attention ne se relâche pas, que je ne saute ni un hémistiche ni une strophe.

Il n'est plus le premier en tout, il n'est qu'un petit prof de banlieue qui rimaille au lieu de faire des mots fléchés ou de se chercher de la compagnie sur le Net. J'ai grande envie de lui balancer son cahier interligné en pleine poire, mais j'ai l'impression que si je m'arrête et ne vais pas jusqu'au bout, il va m'arracher les yeux.

À présent je ne lis plus que les blancs entre les mots, entre les lignes, et ce répit doit se refléter sur ma figure car un petit sourire vainqueur éclaire la sienne à constater, croit-il, la béate félicité où me plonge son œuvre.

C'est bientôt la fin. Trois-quatre pages recto verso. J'en vois le bout. On y est. Il n'y a pas, semble-t-il, de deuxième cahier. Du moins pour aujourd'hui.

– Alors ?! fait Antoine, non plus sur le mode de l'interrogation angoissée, plutôt du ton de celui qui vient d'en mettre plein la vue.

– Eh bien, comment te dire, c'est… bath.

– Tu réponds ça pour me faire plaisir.

– Non, c'est des poèmes, quoi.

– Donc tu vas m'aider à les faire imprimer, hein ?

– Tu sais, je ne suis à peu près rien dans le métier, et puis la poésie…

– Tu ne vas pas prétendre que c'est moins bon que toutes les saloperies qui se publient, y compris là où tu travailles ?

– Non, non. Mais c'est différent.

– Ah, tu le reconnais ?

Il me fait pitié, derrière sa platée de frites refroidies où une petite flaque de ketchup donnerait à penser qu'il vient d'y saigner du nez. Mais cette pitié-là est souvent le plus court chemin menant à l'exaspération, puis à la cruauté.

– C'est le genre de chose qu'il faut garder pour soi, bien à l'abri au fond d'un tiroir, sans que le regard des autres vienne polluer l'émotion, la sensibilité que tu y as mises. Plus tard, quand tu te reliras…

– En somme, tu trouves ça honteux, pour vouloir que je le planque ?

– Je n'ai pas dit ça. Pas dans ce sens-là. De toute façon, je ne peux rien pour toi.

– Je vois, tu es jaloux et tu fais barrage.

– Antoine, comment dit-on « gros con » en allemand ?

Il me regarde avec incrédulité et rengaine son cahier dans son porte-documents d'où dépasse un numéro de *Paris-Turf*. Tandis qu'il s'éloigne de la terrasse du McDo, je me dis entre deux éternuements qu'il faudra que je passe un savon à Ludo.

XVII

C'est à l'occasion d'un intérim à la Librairie francilienne que j'eus confirmation qu'on se fourvoyait en tentant de se faire admettre dans le métier par l'escalier d'honneur, alors qu'on eût bien mieux fait d'emprunter d'emblée la porte de service. La féminisation accélérée de la profession, puis la remontée du taux de natalité liée à la multiplication des consignes pour enfants en bas âge et à l'instauration des congés parentaux, tendaient à faire du remplacement un emploi en soi. Je me retrouvai ainsi titulaire d'une fonction aux contours assez flous, mais non dénuée d'une certaine noblesse. Il m'avait suffi de faire bonne impression, comme disent les DRH, pour qu'aux premières nausées d'une future parturiente on planifiât mon intervention, si bien que mon agenda se remplissait d'autant d'engagements successifs qu'il s'annonçait de maternités.

Thomas Marquette avait été propulsé à la direction

commerciale de la Librairie francilienne par le biais d'un cabinet de recrutement auprès duquel il avait fait étalage de sa science toute neuve. Celle-ci provenait des cours accélérés d'une boîte privée pompeusement intitulée « Université européenne de formation aux techniques internationales du commerce et de l'industrie », qui distillait un lexique anglo-saxon inintelligible aux profanes et des développements *ready made* sur l'effet miroir, le *facing*, les ventes « frémissantes », la *long tail*, le *fair use*, la consumation du produit par son « destructeur final » – le client. Sitôt dans la place, confronté aux aléas du quotidien, à la loterie du succès et à la fatalité des échecs, la main invisible du marché l'avait renvoyé une bonne fois dans les cordes et il avait estimé plus avisé de ne plus remonter sur le ring : il préférait compter les coups, autrement dit enregistrer les chiffres que la machine crachait et qu'il brandissait triomphalement quand ils étaient meilleurs que prévu – « Vous voyez, je vous l'avais bien dit ! » S'ils se révélaient catastrophiques, il expliquait d'un ton docte comment le bide n'était qu'un manque à gagner provisoire qui épargnait des réimpressions inconsidérées, ce n'était qu'un démarrage différé dans l'attente des effets du bouche à oreille et il fallait, en attendant, travailler le fonds, ce fameux fonds qui est à l'éditeur ce que la haute mer est au marin, tout un passé projeté sur l'horizon du futur. Quand tout cela ne suffisait pas, il prenait à témoin les secrétaires, à la machine à café ou à la photocopieuse, qu'on devait renoncer définitivement à publier cet auteur-là, et l'auteur en question qu'il aurait dû demander à paraître ailleurs, ou plus tôt, ou plus tard ; après quoi, pour finir, il me le flanquait sur les bras pour une ou deux signatures de consolation dans une librairie-papeterie d'Aulnay-sous-Bois, ou dans quelque maison de retraite de Draguignan, voire quelque modeste salon où, isolé parmi les plumes du cru, il faisait figure de vedette descendue de Paris et avait droit à sa photo dans le bulletin municipal.

Ah, les salons en province ! Y escorter des auteurs ne demandait pas de formation particulière, mais deux ou trois chemises de rechange, une tête peu sujette à l'étourderie en sorte de n'oublier ni les billets de transport, ni le nom de l'hôtel, ni celui de l'adjointe à la culture, et une oreille, surtout une oreille réglable, si l'on peut dire ! Car écouter les fanfaronnades des uns, les jérémiades des autres, l'intrigue du roman en cours de celui-là, les sarcasmes de celui-ci sur ses confrères, et ce, à l'aller comme au retour, pendant les dîners d'honneur et les déjeuners sur le pouce sur le chemin ramenant à l'auberge du Coq hardi, requérait une capacité de feinte attention, d'émerveillement ou d'indignation partagés, qui eût excédé mes facultés naturelles si une otite enfantine ne les avait amoindries, dressant un tamis salutaire entre le bruit du monde et mon for intérieur. En revanche, mon regard, lui, ne pouvait s'épargner de découvrir combien la dignité des gens de lettres, sitôt quittée la capitale, en prenait un coup : tel prestigieux académicien vantait sa production en apostrophant le chaland, campé derrière ses piles comme un marchand des quatre-saisons claironnant la fraîcheur et le pommé de ses laitues, cependant qu'à côté de lui, tassé sur son tabouret, les yeux baissés pour ne pas mesurer le vide par-devant lui, tel obscur romancier ou tel érudit fourvoyés s'occupaient à crayonner des petits dessins, ou bien jetaient un coup d'œil distrait sur la camelote du voisin, ne cessant de se demander ce que les ploucs pouvaient trouver de comestible et de captivant « là-dedans ».

Et c'était compter sans les pignoufs qui se pochetronnaient et s'empiffraient à qui mieux mieux comme s'ils étaient venus là se remettre des privations de la dernière guerre ; ou sans ces couples d'un week-end qui nouaient de fugaces idylles dans des auberges sans étoile où les tuyauteries toussaient à rendre l'âme à l'heure des ablutions vespérales ; ou encore sans ceux qu'on appelait les « abonnés », généralement mari et femme ou maîtresse se faisant inviter de conserve, tous frais payés, voyant là comme une obligation quasi morale de l'éditeur, ne négligeant pas la moindre fête du livre, se désolant quand par infortune deux d'entre elles se déroulaient à la même date et qu'il leur fallait renoncer à l'une plutôt qu'à l'autre en gémissant : « Mais que vont dire *mes* lecteurs, là-bas ? » – alors que c'était bien beau si, chaque fois, le colis renfermant leurs ouvrages à signer ne revenait pas intact chez le distributeur.

Quand il y avait une grève générale dans les transports publics ou que Valentin Validon, le chef comptable, coupait pour un temps le robinet des frais de mission, il m'arrivait de loin en loin d'assister, aux côtés de Thomas Marquette, au Comité. Il y avait belle lurette que, des comités de lecture, la lecture avait pris partout congé. On s'était aperçu à juste titre que la littérature s'accommodait mal du débat démocratique et encore moins bien du suffrage universel, et qu'en de tels cénacles on finissait par déclarer publiables des œuvres si écornées par les critiques et les réserves des uns et des autres – surtout de ceux pour qui cette prise de parole hebdomadaire était la preuve de leur propre existence, et accessoirement le justificatif de leurs émoluments – que plus personne n'avait plus foi en elles au jour de leur parution. Quant aux projets mauvais – « à chier », disaient certaines voix en aparté – mais rentables, aux acceptations forcées, aux refus impossibles – la nouvelle femme du juré, la belle-mère de l'actionnaire, la maîtresse du directeur de journal, le petit ami du conseiller à la Culture –, il était non seulement inutile mais formellement déconseillé d'en faire état, a fortiori de les mettre aux voix en comité.

Le rituel était immuable : le patron de la maison, Édouard Bourdon, dit « Monsieur Édouard », pénétrait un peu essoufflé dans la salle de réunion avec cinq minutes de retard, l'air affairé, soucieux, il s'excusait pour ce coup de fil d'« en haut » qui l'avait retenu, qu'il n'avait pas abrégé malgré l'envie qui l'en avait démangé, puis il faisait signe à toutes et à tous de se rasseoir et donnait aussitôt la parole à Valentin Validon. Celui-ci hochait la tête en lâchant d'une voix contristée de médecin peu optimiste sur les chances de survie de son patient : « Pas fameux, les chiffres de ce matin », ou : « Moins bons que ceux d'hier », ou : « Plutôt bons, mais c'est un accident, il ne faut surtout pas extrapoler » – pour la repasser, la parole, à mon supérieur, Thomas Marquette, qui se lançait dans un de ces amphigouris dont il avait le secret pour expliquer un problème qu'il était incapable d'énoncer. Après quoi le patron interrogeait d'une voix un brin angoissée : « Et ailleurs, ça donne quoi ? Que dit-on dans la profession ? », ce à quoi Marquette répondait en distillant le baume réparateur que le patron attendait :

– Ailleurs, c'est la cata, vous n'imaginez pas. Chez Montgeron, les retours dépassent les sorties, et on parle de réduction des effectifs chez Roblochon.

– Mais les listes ? Ils ont des titres sur les listes, et pas nous !

– Les listes sont truquées, tout le monde sait ça. Certains vont même acheter leurs propres livres en quantité dans les points de vente pour y figurer ou y monter d'un cran.

Monsieur Édouard soupirait d'aise et conviait les attachées de presse à passer au rapport. C'était pour elles le pire moment de la semaine, car il leur fallait donner l'impression de faire mieux l'une que l'autre, répéter en d'autres termes des résultats déjà annoncés la fois précédente et tenter de passer sous silence tout ce dont les médias se refusaient obstinément à parler, le meilleur convenant moins souvent que le pire à ce qu'ils estimaient être « leur » public. Les titres phares que les chaînes et les news s'arrachaient étaient en revanche mis en avant avec d'autant plus d'autosatisfaction que le seul effort déployé pour les promouvoir avait consisté à refuser à certains supports ce que l'auteur avait préféré voir accorder à d'autres, suscitant rancunes et aigreurs tenaces parmi ces feuilles peu lues ou ces émissions peu vues qui se révélaient pourtant si précieuses pour passer un entrefilet ou la simple mention d'un auteur confidentiel. Puis venaient la litanie des promesses en trompe-l'œil et la fausse monnaie des espoirs : article en vue pour l'un, mais sans date ; article déjà rédigé pour l'autre, mais à la parution subordonnée au bon vouloir du chef de rubrique (ne lui avait-on pas refusé récemment un manuscrit ?) ; report pour le troisième – et on savait qu'au mieux le compte rendu sortirait en juillet-août, époque où les huiles de la presse couraient les festivals et où un sous-fifre tirait à la courte paille les papiers restés au marbre, les abrégeait au sécateur et les emboutissait dans l'espace restreint réservé à la rubrique Culture, entre les petites annonces de villégiatures et les jeux d'été.

Parfois, une attachée de presse excédée avait le front d'avouer qu'elle n'avait rien pu faire, qu'on trouvait partout le livre exécrable, qu'on menaçait de le lui jeter à la figure si elle osait insister, et Monsieur Édouard levait au ciel ses bras courtauds en hurlant :

– Vous n'avez pas le droit de laisser dire du mal de la maison !

– Mais, monsieur, on ne veut même pas en dire du mal !

– Et pourquoi ne faudrait-il publier que de bons livres, hein ? Le public, lui, pourquoi n'aurait-il pas droit à sa ration de mauvais goût ? Qui pense au grand public, ici ?

Marquette opinait :

– Moi, monsieur, et je vous annonce que de ce livre qu'on prétend si mauvais, nous avons vendu vingt-sept exemplaires rien que dans la journée d'hier !

– Ah, vous voyez ! jubilait Monsieur Édouard d'une voix radoucie.

– Vingt-sept pour combien de retours ? mâchonnait Valentin Validon.

Marquette restait coi, et le patron passait sans transition au tour de table des conseillers littéraires.

Là, quoiqu'il n'eût rien à ajouter au peu qu'il avait dit la semaine précédente, chacun se devait d'expliquer qu'il était à ce point surchargé qu'il préférait remettre à la réunion suivante le point sur les surabondants projets dont il se trouvait accablé. Chacun et chacune entonnait alors son couplet préféré. Unetelle imputait son retard à la lenteur et au perfectionnisme pathologiques de « ses » auteurs, en cela si scrupuleux, à la différence des bâcleurs et des plagiaires dont faisaient état ses voisins de table, d'où il résultait que la grande monographie à paraître pour le cinquantième anniversaire de la mort de l'inoubliable chorégraphe du *Ballet orthopédique* se verrait reportée au centenaire de sa naissance, et le catalogue de l'exposition des anamorphistes catalans bon à tirer pour la clôture. Tel autre pointait un doigt accusateur sur les services techniques, coupables de n'avoir pas retourné les épreuves d'un index que l'intéressé ne leur avait pas encore fait parvenir. Un troisième annonçait triomphalement la réception de l'avant-dernier chapitre du document dont il avait promis l'épilogue trois mois auparavant.

Au sixième intervenant, Monsieur Édouard, qui avait par sa femme des intérêts dans l'élevage industriel, jetait avec désespoir :

– Mais avec quoi vais-je vous donner à manger si notre programme se déplume aussi vite que la volaille ébouillantée ?

– On pourrait faire quelques remises en place de vieux succès ? suggérait Validon qui pensait ainsi alléger d'autant les stocks.

– Dans le climat actuel, les libraires verraient ça d'un sale œil, ronchonnait Thomas Marquette. À moins de faire des conditions.

– Des conditions ? Vous n'y pensez pas ! Dès qu'on met le doigt dans les conditions, le bras y passe tout entier.

Là-dessus, Monsieur Édouard consultait sa montre :

– Mon rendez-vous attend. Réfléchissez : à ce train, on risque de mettre la clef sous la porte avant la fin de l'exercice.

Il avait répété tant de fois la menace que les participants, plutôt que de se soucier de la fin de l'année, prêtaient l'oreille à leur horloge biologique dont l'approche du déjeuner bandait les ressorts au creux de leur estomac.

C'était l'heure où Valentin Validon s'absentait quelques minutes pour aller faire l'emplette, au magasin bio du coin, d'une pomme sans pépins, de deux tomates vertes, d'un petit pain au quinoa et d'un entremets aux algues du plus beau vert émeraude. Son baluchon de comestibles entre le pouce et l'index, il regagnait son bureau, déployait la serviette à carreaux roulée dans un anneau en bois à ses initiales et mastiquait son frugal repas en consultant les ondoiements des cours du CAC 40, du Dow Jones et du Nikkei sur les sites spécialisés. Chez ce gringalet roux, mi-chauve, le côté secret résultait peut-être du fait qu'il n'avait rien à cacher. Terrorisé à l'idée d'avoir une vie intérieure ou sentimentale non convertible en chiffres, opérations, bilans, il avait mis définitivement une croix dessus. On eût dit que, pour lui, toute existence, comme une division, devait tomber juste, sans laisser de reste. Il ne serrait jamais la main de quiconque de peur de contracter de ces affections mal élucidées que sont l'amitié, la camaraderie, la complicité. Il se rongeait à tel point les ongles qu'il semblait qu'il n'eût plus à grignoter que le doigt lui-même. Rentré à son bureau ou chez lui après la promiscuité du RER, il se pulvérisait de la tête aux pieds d'un désinfectant antiviral censé prévenir toute contamination, y compris, eût-on dit, celle des idées, des penchants, des sentiments. Il amputait ostensiblement son quota de congés pour faire honte à ceux qui en prenaient l'intégralité, mais, pour le reste, il suivait sa mère veuve, ancienne inspectrice générale des Monuments historiques, dans les musées d'Europe où la vue de tant de pures beautés dénudées lui donnait des poussées d'urticaire dont il gardait de si cuisants souvenirs qu'aucun projet de beau livre illustré ne trouvait grâce aux yeux de l'iconoclaste qu'il était devenu, sachant la force de dissuasion d'un compte d'exploitation prévisionnel chargé à bloc pour décourager pareilles aventures.

Toute dépense relevait à ses yeux d'une funeste inconséquence, tout déficit, d'une pandémie promettant l'issue fatale. Si une menace de procès lui procurait, sur le coup, un plaisir non dissimulé – mais un plaisir incomplet, comme tous les siens –, c'était qu'elle lui offrait une bonne occasion de dénoncer l'irresponsabilité de ces auteurs et de leurs éditeurs, incapables de s'en tenir aux bonnes histoires des siècles passés, aux méthodes de bridge et aux livres de cuisines exotiques. Quel besoin aussi de s'en prendre à un ministre prevaricateur, à un policier véreux ou à un magistrat exhibitionniste ? Pourquoi ne pas laisser en paix prélats pédophiles et académiciens plagiaires ? À l'heure où le pire malfrat engraissait ses avocats en procès en diffamation chaque fois qu'on rappelait ses prouesses, pourquoi tenter le diable avec ces livres qui étaient autant de nids à procédures, dommages et intérêts, coûts d'insertion, demandes reconventionnelles et autres débours irrépétibles ?

Si un sort malin voulait que tel ou tel remportât un succès de scandale, Validon faisait la fine bouche, invoquait les risques de surstockage et le surgissement impromptu de nouvelles assignations pour ne décider les réimpressions nécessaires qu'au compte-gouttes, multipliant ainsi les ruptures d'approvisionnement des librairies ; mais, en bout de course, quand le succès s'essoufflait, que le reflux des invendus l'emportait sur le flux des sorties, c'est alors que dans un geste munificent il lançait un nouveau tirage, si excessif qu'il fallait bientôt le pilonner intégralement. Il s'y résolvait en clamant d'un air triomphal combien il avait eu raison, jusque-là, de ne pas céder au vertige des réimpressions, et combien on avait eu tort de l'y faire succomber à la dernière extrémité.

Pour lui, la vie s'arrêtait avec la clôture de l'exercice, chaque 31 décembre, et l'auteur infortuné dont l'œuvre avait vu le jour dans les frimas d'après-Toussaint voyait sa carrière tranchée net par cette herse, et ses misérables invendus encore tièdes retourner à l'état de pâte à papier entre les crocs insatiables du pilon. Et c'est avec l'an neuf que fleurissaient – mieux vaut tard que jamais, se félicitait l'attachée de presse – de beaux articles sur ce titre comme autant de couronnes déposées sur la tombe d'une jeune infante défunte.

Pourtant, cette œuvre avait été promise aux performances les plus époustouflantes quand, dans les feux de l'été indien, l'auteur était venu en personne dire tout ce qu'il avait mis de sa chair et de son âme dans ses pages, ou tout ce qu'il fallait y trouver, ou pourquoi les foules se jetteraient dessus sans coup férir, en somme pourquoi les représentants auditeurs privilégiés convoqués pour l'entendre – lui, un parmi vingt autres à vanter sa marchandise, mais il ne voulait pas le savoir, délayant à loisir pour empiéter sur leur temps de parole –, avaient la chance insigne de les défendre, lui et son livre. L'assemblée, présidée par Thomas Marquette et par un chef des ventes faisant office de contremaître, était composée d'une fine équipe de quadras et quinquas plus pittoresques les uns que les autres, qui avaient déjà pour la plupart roulé leur bosse aux quatre coins de la province française. Bienveillants, ils laissaient parler avec endurance, les yeux mi-clos, et quand venait la minute du sacro-saint « Il y a des questions ? », à la vivacité de leurs dénégations on devinait qu'ils n'avaient rien écouté et n'en feraient qu'à leur tête.

Équipés de boîtiers électroniques et de tout un arsenal au top de la technologie nipponne, ils eussent pu travailler depuis leur ex-presbytère de Romorantin ou leur fermette de Saint-Valery-en-Caux, leur longère du Gers ou leur chalet de Guebwiller, mais leur condition nomade était devenue chez eux un trait de l'espèce et ils n'y eussent renoncé pour rien au monde. L'un, qui couvrait le littoral atlantique, avait accroché à son antique traction avant une roulotte transportant à son bord sa maîtresse et tout le nécessaire du parfait marchand de crêpes, gaufres et barbes à papa pour la belle saison. L'autre, ayant constaté qu'il n'était pas de chef-lieu d'arrondissement sans quincaillerie, s'adonnait clandestinement au démarchage multicarte en présentant un catalogue digne du bricoleur le plus exigeant, et, à l'occasion, alimentait de surcroît divers traiteurs et tripiers en écrevisses du lac Balaton, en escargots de Bourgogne importés d'Albanie, en ris de veau moldaves, et les épiciers-confiseurs de rencontre en bâtons de réglisse, en gousses de vanille et en clous de girofle importés de Zanzibar.

Celui en charge de l'Alsace-Lorraine prospectait par téléphone tout en cultivant du côté de Saint-Louis les meilleures asperges d'Europe, jaune paille et rosées si cueillies au point du jour, vert tendre et bleutées si récoltées au crépuscule. Sur Paris, le militant trotskiste profitait de sa tournée rive gauche pour sortir de sa sacoche des numéros de *Rouge vif*, « organe révolutionnaire des peuples en lutte », et le proposer à la criée devant les bouches de métro à des banlieusards hagards, tandis que son collègue de la rive droite se faisait des pourboires royaux comme voiturier à tiers temps d'un des palaces voisins des Champs. Quant au préposé au « Grand Export », lui-même écrivain honteux, déjà mortifié par nombre de refus opposés à ses manuscrits présentés sous pseudo à diverses maisons, il se morfondait à recommander des ouvrages qu'il estimait indiscutablement inférieurs aux siens. Pour les représentants de Wallonie et de Suisse romande, enfin, c'est avec une impassibilité goguenarde qu'ils s'entendaient demander de mettre en place telle plateforme électorale d'un député basque ou d'un sénateur de l'Aveyron :

– Vous en prendrez bien cent ? Il va au ski au Val-d'Aoste et sa belle-mère est de Namur…

Les tenailles d'une inflexible dialectique enserraient entre leurs dents de fer le fragile destin des nouveautés. Leurs commandes présumées cueillies par les représentants (toujours gonflées par eux pour avoir la paix, après quoi une volée de titres chasserait l'autre), puis répercutées par Marquette, déterminaient un prix de vente public estimé à la louche par Validon qui, sciemment, le montait du tiers ou de moitié par rapport à celui qu'indiquait le bon de commande initial, si bien qu'on se voyait contraint de revoir la mise en place à la baisse, mais, du coup, le tirage envisagé également, de sorte que le coût unitaire, déjà prohibitif, remontait en flèche... Pour ne pas risquer d'accumuler les invendus, on préférait en définitive ne rien vendre du tout d'un ouvrage devenu plus onéreux qu'un produit bling-bling. Validon avait alors beau jeu de conclure avec un petit rictus à l'adresse des responsables éditoriaux :

– Je vous l'avais bien dit, qu'*on ne tiendrait pas* !

Il ne se sentait en rien responsable, les représentants non plus qui se voyaient fournir là un précieux alibi, le service de presse ne comprenait pas pourquoi il défendrait un livre qu'on ne trouverait pas en librairie, et seules les jeunes femmes en charge des cessions de droits, qui vivaient par définition sur une autre planète, celle où ne figurait pas leur pays, pouvaient rêver décrocher une traduction en Estonie ou en Corée du Sud pour un à-valoir couvrant à peine l'affranchissement de l'enveloppe renfermant le projet de contrat. Mais du moins le patron pouvait-il s'exclamer devant les membres du Comité qui tous se rengorgeaient :

– Ah, ils ont bien tort, ceux qui vont répétant que l'influence de la culture française est finie ! Bravo, les filles, continuez à vendre aux Baltes et aux Coréens, puisque ce pays de cons ne veut plus lire chez lui que des américonneries !

La soixantaine plus sel que poivre, les yeux myosotis, le sourire d'un blanc minéral, les épaules voûtées juste ce qu'il fallait pour donner à mesurer ses longues heures de lectures vespérales, le ventre à peine rebondi de qui se tient à table sans s'y attarder, Monsieur Édouard, qui régnait sur cette ruche, portait beau, sentait bon, estimait faire bien, et s'il advenait qu'une romancière ou un collaborateur lui fît des infidélités, à lui qui passait son temps à vouloir débaucher ceux de ses confrères, il en concevait une blessure d'amour-propre qui mettait des mois à se refermer et qui se rouvrait, gorgée du pus de la rancœur, sitôt le ou la coupable reparu. Mais il savait aussi se montrer le plus délicieux des hommes, et ses envois de fleurs, de vins fins, de montres suisses, de fruits confits, de chocolats et de dattes fourrées étaient réputés chez les jurés, les responsables de centrales d'achat, les chefs de rubrique et les animateurs de télévision – même s'il arrivait que, par mégarde, fût adressée à tel ou telle une corbeille de chez Fauchon contenant un carton libellé à son intention à lui par le service Publicité d'un généreux hebdo.

Membre de vingt clubs sélect, il régalait à domicile en recourant aux services des traiteurs les plus huppés, et c'est en voiture avec chauffeur qu'il allait et venait entre son domicile et le siège, séparés de quelque trois cents mètres, mais, il est vrai, dans deux arrondissements distincts. Il ne savait pas refuser une augmentation ou un congé pour convenance personnelle à une jeune et jolie débutante au décolleté revendicateur. Tant et tant de prodigalité devait mal finir et mettait au désespoir Valentin Validon, pour qui chaque facture portant le visa patronal était comme un lambeau de peau arraché à sa maigre carcasse. Humilié d'être le pourvoyeur affligé des fantaisies et extravagances de Monsieur Édouard, il avait fini par jurer sa perte. Convaincu que les commissaires aux comptes préfèrent de loin les passifs justifiés aux profits douteux, connaissant sur le bout de ses phalanges l'art et la manière de creuser des déficits en provisionnant des risques imaginaires, des retours record, des pertes sèches pour projets abandonnés et auteurs insolvables, il fit tant et si bien que le naufrage de la Librairie francilienne devint plausible, sinon inéluctable.

C'est alors qu'éclata l'« affaire Bovo ».

XVIII

« Depuis quand on parle de vous comme de la Rousse, vous, les flics habillés chez Quidam, les manieurs de bâtons ? rouspéta l'affreux rouscailleur. Parce qu'on vous recrutait parmi les cheveux carotte ? Parce que les cognes, ça flanque des roustes ? Parce que, depuis deux mille balais, les judas ont les cheveux rouges ? Moi, les roux me font gerber. Il faudrait les tondre. Au Moyen Âge, après le supplice de la roue, on en faisait des barbecues. Il faudrait se chauffer avec dès les premiers froids, quand les feuilles commencent à jaunir et l'herbe à rouir. Les roux ont la couleur et l'odeur de la paille des cachots où ils envoient pourrir les belles années qui nous restent… »

Si, dans le contexte, elles n'avaient frappé ni particulièrement heurté personne, ces quelques lignes de *René la Glandouille*, le savoureux polar de Rémi Bovo, n'avaient pas échappé à la vigilance de Valentin Validon qui abhorrait le genre. Du fait de sa couronne de cheveux aux tons d'étole dépoilée, il se sentait de surcroît d'autant plus visé qu'on ne comptait plus ses algarades avec le romancier pour une demande d'avance, une note de frais ou des provisions sur retours. Vit-il là l'occasion de faire coup double, de se venger des sarcasmes dont l'accablait chaque fois Bovo, lui donnant du « pingre », du « chien », du « liardeur », du « ramasse-miettes », de la « bourse coincée », de la « poche cousue », du « trouilloté », du « coffre constipé », et de déstabiliser par ailleurs un peu plus Édouard Bourdon ? Sous pli anonyme, il avait envoyé photocopie de la citation, avec les références, à l'ADRRFW (Association de défense des roux et rousses de France et de Wallonie), en sommeil depuis le plein essor des teintures capillaires et la confusion qui en avait résulté entre victimes naturelles et cibles artificielles des paroles et actions discriminatoires.

À parler franc, Validon ne se sentait aucunement solidaire de la militance rousse : il perdait chaque matin un peu plus de la maigre toison qui lui tombait sur les oreilles et qui se détachait comme le mouron aux premières gelées, sa vieille mère oscillait entre le platine et le bleu de méthylène, et lui-même n'avait de regards furtifs que pour les blondes pulpeuses dont, au risque de nouvelles crises d'urticaire, il s'accordait trois minutes de contemplation, à la pause déjeuner, sur des sites pas nets proposant escorts et prestations en tous genres. Non, ce qui l'emplissait d'aise et de fierté, au point de lui donner des fourmis dans le dardillon, c'était d'agir incognito, certes, mais, pour une fois, sans demander la permission ni l'aval de personne.

Le feu resta assez longtemps à couver. Puis l'unique permanent de l'ADRRFW, avant de partir en congé d'hiver noyer ses taches de son aux Maldives dans un bronzage intégral, passa le dossier à la Veille anti-antiroussiste (VAAR). Cette association plus dynamique avait été créée quelque vingt ans auparavant, quand on s'était aperçu que la France se composait d'une majorité silencieuse et invisible portant un archipel de minorités plus ou moins visibles et parlantes, et qu'un échauffement du sentiment communautariste faisait se disloquer la banquise principale pour donner naissance à de multiples isolats identitaires voguant à leur guise, avec leurs codes, leurs fêtes, leur presse, leurs avocats et leurs fétiches, mais surtout leurs ennemis ou, pour être plus exact, leurs victimisateurs. Au chapitre des questions diverses, le comité directeur de la Veille anti-antiroussiste, réuni trimestriellement, décida de frapper un grand coup : les adhérents stagnaient, les cotisations rentraient mal, les compressions budgétaires avaient fait fondre les subventions gouvernementales et jusqu'à celles qu'allouaient quelques fidèles amis des assemblées territoriales où l'on envoyait siéger les anciens présidents et vice-présidents de l'association.

On avait fait entrer au comité d'honneur un ou deux multimillionnaires particulièrement portés sur l'assistance à la jeunesse exotique et qui gagnaient par là à bon prix leur brevet de philanthropes. Mais la concurrence était rude, on avait vu récemment fleurir sur le même modèle des ligues de défense des borgnes, des becs-de-lièvre, des bancroches, des prognathes, des pieds-bots, des doigts palmés, des loucheurs, des goitreux, des psoriasis et des variqueux, et, non sans effroi, le Comité avait assisté à la naissance et au décollage d'un rival direct à l'enseigne de la Tache de son, au recrutement à dominante jeune et féminine. Brandissant l'oriflamme de la rousséité bafouée, piétinée, blessée dans son être-roux, le président Blandin reçut mandat de prendre langue avec un syndicat de policiers en civil particulièrement porté sur les procédures, puis de mobiliser la chambre professionnelle des capilliculteurs dont l'art risquait d'essuyer des dommages collatéraux dans l'empoignade médiatico-judiciaire qui s'esquissait. Une pétition signée à l'encre rouge recueillit des centaines de signatures s'indignant que « nous, Roux et Rousses de ce pays, atteints dans notre identité de Roux par une campagne nauséabonde… ».

Un stagiaire – martiniquais – recruté en hâte suffit à peine à décacheter l'avalanche de lettres tantôt anonymes, tantôt revêtues d'une griffe illisible, qui se déversaient chaque matin au siège de la Librairie francilienne, invectivant, stigmatisant, anathémisant la campagne antiroux qu'avait déclenchée « une maison si respectable tombée aux mains de revanchards néonazis », « un repaire de racistes ghettoïsant toute une catégorie de Français de souche », « un gang ségrégationniste stipendié par les intégristes romains », « la Main noire réapparue et tissant sa toile dans le monde des lettres », etc., etc. Redoutant les amalgames et un regain de russophobie, l'ambassadeur Boris Nicolaïevitch Godounov adressa une protestation inquiète au secrétaire général adjoint du Quai.

L'affaire prit une tout autre ampleur quand, pour combler un creux de l'actualité, le journal matinal de Séverine Vacherin lui consacra une pleine page avec appel en une. Le rédacteur en chef en personne avait rédigé le chapeau en Bodoni gras sous le titre « Vigilance ! » : « Depuis quelque temps, un climat délétère plane sur la condition des roux et des rousses de ce pays. Des relents pestilentiels d'antiroussisme remontent des profondeurs les plus ténébreuses de notre passé médiéval. Pourquoi tant de haine ? Va-t-on rafler les roux ? Le premier devoir civique ne conduit-il pas à débusquer, derrière ce qui peut paraître à première vue comme une campagne superficielle et fortuite, le dragon jamais rassasié de l'antisémitisme en quête de sa ration de Juifs roux ? Nous ne laisserons pas passer cette tentative de retour aux basses œuvres du démon raciste et c'est pourquoi notre journal s'honore de… », etc., etc.

Ne prenant pas dès l'abord la mesure du danger, Édouard Bourdon s'évertua à calmer le jeu en publiant le communiqué suivant : « L'ouvrage de Rémi Bovo, *René la Glandouille*, étant épuisé depuis plusieurs jours par suite notamment du tapage fait autour d'un bref passage du chapitre VII, la Librairie francilienne a décidé de ne pas le réimprimer. »

Scandale et abomination : avec le renfort de la VAAR, de la SGPO (Société des gens de plume et d'ordinateur), de la LDAONR (Ligue de défense des auteurs d'ouvrages non réédités), auxquels dut joindre sa voix le nouveau directeur du Livre, de la Numérisation, des Bibliothèques et des Jardins publics, le même journal cria véhémentement à la censure, exigeant qu'en guise de réparation le roman reparût avec les lignes incriminées remaniées et une note de repentance de l'éditeur en bas de page.

Plein de bonne volonté, entre une promenade au Bois avec son cocker Jimmy et un tournoi de bridge au club Monceau, Édouard Bourdon fit savoir qu'il ne demandait pas mieux et allait mettre au point, en concertation avec l'auteur, une version amendée du passage litigieux, qu'il soumettrait avant impression à une délégation de la Veille anti-antiroussiste, des coiffeurs, des policiers en civil et de qui on voudrait.

On convoqua Rémi Bovo. Sans réponse, on s'employa à le rechercher. Nul n'avait eu de ses nouvelles ni ne l'avait aperçu depuis les premiers éclats de l'affaire. Contacté, son fils, un sympathique rouquin, chercheur en génétique à l'Inserm, répondit que son père, affolé par ce qu'il avait perçu comme les prémices d'un lynchage médiatique, avait pris ses cliques et ses claques et émigré en Ouganda dans l'espoir d'y trouver la paix, les missionnaires irlandais y ayant laissé place à des essaims de techniciens chinois. Il comptait ne plus se brûler les doigts à l'écriture, mais se consacrer à la culture de l'igname et de la patate douce.

Compte tenu du droit moral, dirent les avocats consultés, il était impensable de se substituer à l'auteur pour modifier son texte, et l'éditeur résolut de laisser en blanc, dans la réédition, les lignes pécheresses.

Mais outre que ce blanc dénonciateur ne satisfaisait personne, ni les défenseurs des roux, ni ceux des auteurs, ni la presse offusquée, ni les coiffeurs en bataille, et encore moins, parmi les juristes en vue, les tenants du « crime par commission d'omission », assimilable à la nouvelle législation élaborée place Vendôme pour réprimer la dangerosité prédélictuelle, sans parler des simples lecteurs enragés par ce qu'ils auraient pris pour une malfaçon, le débat avait à présent débordé le cadre des associations et des colonnes de journaux pour basculer dans l'hémicycle du Palais-Bourbon. Depuis les dernières législatives, l'Assemblée comptait dans ses rangs trois députés tirant sur le roux, deux de la majorité, un de l'opposition (changeant de perruque à chaque séance, Lisette Dubois-Bandé, élue des îles Sous-le-Vent, comptait pour du beurre de cacao). Ils rédigèrent un projet de loi dont l'article premier interdisait sous peine d'amende et d'un emprisonnement de six mois à un an avec sursis toute discrimination basée sur la couleur de cheveux, l'article deux instaurant un devoir de mémoire envers les victimes de procès en sorcellerie et autres persécutions visant les roux, enfin un ultime article instituant une journée du Roux, mais uniquement les années bissextiles, les journées mémorielles ayant déjà si bien envahi les années ordinaires qu'on ne trouvait plus un jour pour souffler, ne se souvenir de rien, voire penser à l'avenir.

Quand, suivant la navette, le projet de loi revint du Sénat, la Haute Assemblée y avait greffé un amendement annexant au cas des roux celui des albinos qui avaient, aux époques reculées, si souvent partagé leur sort maudit et continuaient de faire l'objet de superstitions mortelles chez certains peuples de couleur. Soucieux de ne pas heurter les États africains concernés, déjà rendus si susceptibles depuis les indépendances et la ruée des multinationales sur leur sous-sol, le secrétaire d'État aux Pays culturellement associés proposa de disjoindre le cas de cette minorité dans les minorités et de porter la question devant l'Assemblée générale des Nations unies, la protection de la rousséité, considérée en revanche comme une affaire euro-européenne, devant être traitée dans l'enceinte des parlements nationaux.

Toujours à l'affût d'une opportunité, des confrères d'Édouard Bourdon crurent bon de mettre à profit la polémique pour confectionner et mettre en hâte sur le marché qui un *Dictionnaire des Roux célèbres*, qui une anthologie du roux, des albums des plus belles rousses du cinéma et de la chanson, une réédition de *Poil de carotte* et jusqu'aux biographies croisées de Roux et Combaluzier. Ce ne furent pas toutes des initiatives heureuses : au bout de quelques mois, les retours affluèrent, le projet de loi proroux s'était égaré entre le Palais-Bourbon et celui du Luxembourg, une nouvelle guerre au Proche-Orient et une nouvelle affaire de rétrocommissions faisaient les manchettes des journaux, la Veille anti-antiroussiste s'était autodissoute à la suite d'un sévère rapport de la Cour des comptes et de menaces judiciaires, Rémi Bovo avait déjà effectué sa première récolte de patates douces, son fils faisait partie de la fameuse équipe de chercheurs ayant mis le doigt sur les facteurs chromogènes de l'embryon, et on eût été bien en peine de trouver quelqu'un pour se rappeler comment, à propos de quoi, par la faute de qui s'était produit tout ce tohu-bohu.

Mon contrat était entre-temps venu à échéance et personne n'envisageait de le reconduire, quand j'appris la démission du président Bourdon, moyennant des indemnités d'un montant au moins équivalent aux provisions pour risques virtuels que Validon avait mises en avant pour obtenir sa tête. Quant à ce dernier, qui convoitait la place, il fut congédié quelques semaines plus tard, après qu'un audit eut révélé l'ampleur des manipulations auxquelles il s'était livré pour arriver à ses fins, et sur lesquelles le fisc ne manquerait pas de se jeter avant longtemps. Enfin, la jeune mère que j'avais remplacée à la demande de Thomas Marquette avait donné naissance à des triplés, Jef, Ralph et William – encore des « américonneries », aurait dit Monsieur Édouard.

XIX

Qui allait succéder au grand homme ?

René Dujardin avait beau clamer qu'il était de loin le mieux placé, il fallait prendre ses prétentions pour ce qu'elles étaient : une sorte de remède contre la dépression. Pour remonter un moral aussi prompt à descendre qu'un pantalon sans bretelles, il n'avait de cesse d'expliquer avec un mélange de fatalisme et de satisfaction comme il aurait pu signer le contrat d'acquisition des droits du best-seller de la décennie, mais il n'avait pas voulu céder sur la latitude d'y faire des coupes jugées par lui indispensables ; quant au manuscrit du Grand Prix de l'Académie qu'il avait eu entre les mains, la première version lui paraissait bien meilleure que celle, remaniée sur on ne sait quels conseils, que les Immortels avaient couronnée ; et s'il n'avait tenu qu'à lui, il aurait décroché les mémoires de la jeune épouse du Président, mais son opinion sur l'homoparentalité l'avait chiffonné ; enfin, il n'aurait eu qu'un geste à faire pour empêcher le Nobel de l'année précédente d'aller à l'auteur fétiche de chez Roblochon, car il avait gardé dans ses tiroirs un petit récit pornographique du lauréat qui aurait ruiné ses chances auprès des parpaillots de Stockholm. En définitive, s'il s'était mis d'emblée à son compte, au lieu de faire la fortune de ces enfoirés de retraités de l'Ohio ou du Kentucky dont le fonds de pension avait racheté « sa » maison, il se serait déjà acheté quelques milliers d'hectares de pampa au Paraguay pour y élever des vaches, comme avaient fait jadis ses parents dans les gras herbages morvandiaux, avant que les quotas de la PAC ne flanquent leur exploitation par terre.

Le problème d'Élie Porcher, autre candidat à la succession du président Bourdon, est qu'il n'avait aucune idée personnelle et on ne voyait pas comment, placé en première ligne, il aurait pu copier sur lui-même : il n'y a que dans les récits de miracles qu'on voit se couvrir de fleurs le désert. Tous les matins, il compulsait la presse professionnelle, les catalogues, les annonces, les comptes rendus, et à peine avait-il repéré un titre paru ou à paraître sur un sujet prometteur qu'il en commandait une réplique bâclée à l'un de ses graphomanes appointés. L'idée, puissante, consistait à profiter des bribes de retombées médiatiques des succès de ses confrères, tout en en épousant à peu de chose près la maquette de couverture pour bénéficier de la confusion sur la table des libraires. Il écumait les hit-parades pour quémander à tel ou tel un remake vite fait mal fait de son ouvrage aux ventes encore en plein essor, éventuellement à partir de chutes ou de brouillons de versions délaissées, voire en le paraphrasant. Une collection faisait florès ? Il en reprenait le titre un brin modifié, inondait le marché de ses produits parasites, étouffant l'original sous la contrefaçon et faisant finalement crever sa collection sur le cadavre de celle qu'il avait cherché à supplanter. Il allait même jusqu'à affubler certains romans parus sous sa marque de pseudonymes si proches de signatures éminentes ou populaires qu'un dyslexique, voire un client étourdi, pouvait en être abusé et acheter pour son compte, ou pour offrir, une Amélie Nathan ou une Régine Laforge, un Patrice Madiona ou un Éric Arsenno, pour ne pas parler d'un *Lolito*, d'un *Dernier cercle* ou d'un *Cent un ans de servitude*.

Du fait des handicaps de ses deux challengers, Paolo Saxo, installé jusqu'ici à son compte, partait favori. Fils d'émigrés italiens, fier de ses origines prolétariennes – père plâtrier, mère marchande des quatre-saisons –, tout ce à quoi il touchait se changeait en or, du moins est-ce ce qu'il laissait accroire. Aidé par son équipe, terrorisant les petit et grand commerces qui se sentaient, à son approche, victimes de viol en réunion, il dissimulait soigneusement ses échecs en pilonnant et détruisant toutes traces d'un livre dont la carrière n'avait pas démarré dans les trois semaines suivant sa parution. À la différence de ces commerciaux qui se découvraient du jour au lendemain une fibre littéraire brimée jusque-là par les mises à l'office, les flux retours, le calcul des remises, le poids des hypers, il jetait sur le tout-venant de la production éditoriale un regard peu amène mais non dépourvu d'une certaine lucidité : pour lui, il n'y avait que l'épaisseur d'une couverture plus ou moins prestigieuse entre la camelote qu'il vendait en Prisunic à grand renfort de pub radio, et le dernier roman à la mode qui faisait se pâmer les Séverine Vacherin et autres plumes snobinardes de *Télémania* ou du *Courrier des lettres*. Comme ses performances de vendeur lui valaient de voir affluer vers lui le gratin des auteurs en mal de tirages et de promo garantis, il se faisait un malin plaisir de les renvoyer à leur éditeur habituel en invoquant sa propre inculture, ses méthodes frustes, son incompétence :

– Vous savez, je ne suis qu'un marchand, je sais à peine lire. On m'a seulement appris à vendre.

Ce qui faisait d'autant plus saliver et insister les candidats, quasiment prêts à faire l'abandon d'une partie de leurs droits pour bénéficier des soins de ce guérisseur qui, à la différence de ses prétentieux confrères, ne prenait même pas le temps de les chipoter sur une virgule ou une redite, une invraisemblance ou une contradiction. Mais, s'il ne les humiliait pas par des remarques désobligeantes, Paolo Saxo les ignorait. Passionné il était certes, mais pas de grammaire ni même de lecture, plutôt de golf et de jeux vidéo.

L'espace de quelques jours, le bruit courut que les actionnaires de la Librairie francilienne, plus désireux d'additionner les capacités qu'inquiets de les voir se neutraliser (tares et insuffisances risquant pour leur part de se cumuler), avaient choisi de coiffer l'entreprise d'un directoire tricéphale. Mais chacun des trois postulants excluant de travailler avec les deux autres, et Paolo Saxo exigeant, pour occuper la place, le rachat au prix fort de sa propre entreprise, la solution envisagée capota et il fallut se résoudre à supplier l'ex-président Bourdon de bien vouloir revenir assurer une mission intérimaire, le temps de lui trouver un successeur – autant que possible sans taches de rousseur.

XX

La forêt que traverse l'*Autobahn* reliant l'aéroport de Francfort à la ville resplendit d'un flamboiement de fusées rouge orangé quelques jours par an, vers le début octobre. C'est à cette époque que se tient la Foire internationale du livre, et le voyageur éberlué par cet incendie de couleurs peut se croire, l'espace de quelques kilomètres, aux portes d'une cité irradiée par les feux de l'esprit. C'est un Monopoly d'avenues hérissées de gratte-ciel hébergeant les magnats gris métallisé de la haute banque qu'il lui faut traverser pour accéder au parc des expositions où, là comme ailleurs, mais un peu plus qu'ailleurs, Gutenberg oblige, le livre comble annuellement un faible interstice entre machines agricoles dernier cri, cuisines robotisées, maisons du futur et dessous féminins.

Les oreillons fâcheusement contractés par mon copain Ludo, pigiste d'occasion aux *Intrupescibles*, m'avaient valu un aller et retour et trois colonnes à remplir pour couvrir l'événement. Remercié depuis peu par Édouard Bourdon, j'avais des loisirs. J'eusse pu occuper trois pleines pages, voire trois numéros spéciaux, à partir des copieux bloc-notes que je noircis ce jour-là sur les rives du Main. Je condensai en deux feuillets :

« Il faut se ruer sur les saucisses à la moutarde et le vin du Rhin pour achever de dissiper les légères nausées consécutives aux turbulences du vol entre Roissy et les ballons vosgiens. Dans les stands cubiques où elles officient, un tourniquet de rendez-vous fait défiler les visiteurs devant les préposées aux cessions de droits qui jonglent avec les réminiscences de leur anglais scolaire pour égrener comme une incantation du *marvellous*, du *masterpiece*, du *fine* et du *great* à tout propos, et à toute question déférente et scrupuleuse mais dont le sens leur échappe ne savent qu'opiner du chignon à coups de *yes*, *yes*, *yes*, y compris, dirait-on, à quiconque leur proposerait de partager leur chambre d'hôtel, le soir venu, voire de leur faire fête sur-le-champ dans une cabine des *Toiletten* devant lesquelles ne se font plus entendre, antitabagisme oblige, les appels gutturaux des marchandes de *Cigaretten*. Dans les allées, les patrons vont et viennent, jouent les importants, rient gras, tapent dans le dos des étrangers en hoquetant avec l'accent texan de leurs feuilletons télévisés préférés des *OK, OK, OK* qui leur vaudront de recevoir des dizaines de kilos d'ouvrages qu'ils croiront n'avoir jamais demandé à consulter.

« On s'échange les bonnes adresses de cocktails où dîner aux frais du roi de Prusse, ce qui permettra de s'acheter un iPhone ou une paire de bottes avec l'argent des défraiements. On répète d'un air entendu les derniers bruits courant sur les mémoires posthumes de Marilyn dont il était déjà question l'année précédente, sur la somme à scandale révélant les relations homosexuelles de Laurel et Hardy, et le document explosif, mais vendu *blind*, sur l'enfant caché de Lady Di.

« La ministre, escortée de l'ambassadeur et des huiles du Syndicat, traverse le périmètre français au pas de course, elle prie le directeur du Livre de faire abréger l'itinéraire officiel car elle a une petite faim à combler avant de redécoller pour assister à la séance des questions orales à l'Assemblée.

« Entendu dans les allées comme, paraît-il, les années précédentes : "C'est la dernière fois que je viens…", "Trop coûteux pour ce que ça rapporte…", "Ça n'est pas comme aux débuts…", "Trop de public et pas assez d'éditeurs…", "Trop d'éditeurs et pas assez de public…", "Je n'ai rien trouvé d'intéressant…", "Pas de coups fumants, mais sérieuse, appliquée, professionnelle en somme…"

« Entendu aussi auprès de ces demoiselles des cessions, quand un rendez-vous en retard ou défaillant leur accorde un répit pour mordre dans une pomme non épluchée : "On a *presque* vendu le roman de X…", "Les mémoires de Y ont été *presque* cédés dans douze pays…", "On aura *presque* finalisé le contrat de Z en langue urdu…"

« Dans l'escalator plongeant vers la sortie, un infortuné auteur russe nommé Blinis m'a sauté au cou en me remettant et m'a dit : "Je suis arrivé en train de Iekaterinbourg. J'ai parcouru tous les stands. On m'avait juré qu'en venant jusqu'ici, je trouverais à publier mon nouveau roman à l'Ouest. Chez nous, on ne vend plus que du polar américain et du porno allemand. Toutes mes économies sont passées dans ce voyage. Je ne sais où coucher ni comment rentrer demain."

« Je lui ai donné toute ma petite monnaie, car j'ai eu le temps, avant le dernier vol de la soirée, d'aller me goinfrer de petits carrés de rôti de porc à la confiture d'airelles et d'aiguillettes d'anguille fumée à la grande *party* donnée par le Global Book Club dont le président, le Dr Helmut Schnell, a dû serrer les quelque quinze cents mains de ses invités avant de partager ma collation. J'ai mis à profit cette escale pour constater qu'en Allemagne, notre langue résiste bien et que, des décennies après, les Français continuent à parler aux Français. Au fond, rien de tel qu'une manifestation internationale pour vérifier à quel point les nations continuent d'exister. »

Le retentissement du malaise vagal qui avait saisi la ministre à l'Assemblée à son retour de Francfort – avait-elle abusé des saucisses à la moutarde ? – éclipsa mes pauvres informations qui, d'ailleurs, d'après le rédacteur en chef, n'étaient que des impressions dépourvues d'intérêt, et, comme Blinis, mon infortuné romancier venu de la Russie profonde, j'en fus à me demander comment ne pas rentrer à pied chez moi ce soir-là.

XXI

Dans le taxi qu'en adeptes du covoiturage nous étions convenus de prendre à quatre, au sortir de l'aéroport, il m'avait entendu prononcer avec assurance : *Buchmesse, Halle pfumf*, le sésame de la foire francfortoise, et il m'avait appelé au secours pour lui trouver une chambre dans le quartier de la gare et des peep-shows, puis pour l'aider à dédouaner quelques colis.

Comme je l'avais tiré d'affaire en rassemblant quelques réminiscences du lycée où on nous faisait chanter faux *Das Truit* et *O Tannenbaum*, il m'avait dit de passer le voir à l'occasion à sa « boutique ». L'endroit n'était ni un ensemble de bureaux ni un magasin de gros, comme, de retour à Paris, je pus le constater, mais une échoppe de deux mètres sur trois en rez-de-chaussée qui eût convenu à un réparateur de talons aiguilles ou à un fabricant de clés minute, loin du périmètre sacré de l'édition, dans l'extrême nord-est de la capitale, là où les loyers baissent d'autant plus que se rapproche l'ex-ceinture rouge que les petits Blancs passés du parti de Thorez à celui de Le Pen, effrayés et ulcérés de ne plus s'y sentir chez eux, qualifient à présent de « banlieue beure-noire ».

David Bourracha venait du Liban et avait depuis toujours baigné dans la récupération. Là-bas, son grand-père et son père, ferrailleurs, avaient fait de l'or avec les épaves rouillées des guerres régionales successives. Lui-même s'était transformé, si l'on peut dire, en chiffonnier ou vide-greniers de l'édition. Les « encombrants » dont il débarrassait les maisons huppées des Ve et VIe arrondissements consistaient dans les queues de tirages et les stocks en surplus qu'il parvenait à écouler, par de sinueux canaux et des combines inavouables, au Québec, au Gabon, dans son Liban natal et jusqu'au Vietnam. Parmi les rebuts dont il s'ingéniait à tirer quelque ultime profit figuraient aussi quelques vieux auteurs sur le déclin dont le nom disait encore quelque chose sans qu'on eût gardé mémoire d'un seul titre à y accoler. David Bourracha leur commandait à forfait réduit des horoscopes, des traités de magie noire, des guides des cimetières ou des égouts de la capitale, ainsi que des érotiques illustrés, commandes que ces ex-lauréats de telle ou telle académie acceptaient de satisfaire avec avidité. Il sabrait d'une large estafilade au

Stabilo les passages superflus, ceux où, pour sauver l'honneur, ses tâcherons avaient cru devoir glisser un peu de littérature dans la caractérologie du Scorpion ascendant Balance ou dans la plus triviale histoire de cul.

Son luxe était de fouiner dans la bibliographie des auteurs les plus en vue pour y dénicher des pages remontant à leur prime jeunesse, d'aller trouver, humble et suppliant, l'écrivain au faîte de l'influence et de la renommée ; il s'efforçait de vaincre ses réticences à exhumer cette œuvrette oubliée où le jeune débutant avait professé des idées terriblement provocatrices, usant d'un style si peu châtié que, n'eût-il été le sien, les critiques et lui-même fussent aujourd'hui tombés dessus à bras raccourcis. Bourracha lui remontrait l'extrême pauvreté de sa « boutique » et de ses moyens, comment sa propre survie dépendait de cette publication, que c'était non seulement œuvre pie, mais qu'on ne tarirait pas d'éloges sur le désintéressement dont ce geste témoignerait, alors que n'importe quel grand éditeur de la place eût déboursé des cent et des mille pour cette plaquette. Bref, il l'attendrissait, le flattait, le faisait fléchir, et bientôt le journal de Séverine Vacherin titrerait sur cinq colonnes sur « le cri de jeune homme en colère du prince de la prose française retrouvé soixante ans après », citant des extraits de la préface inédite où le vieillard, penché avec indulgence sur l'épaule de celui qu'il fut, aurait écrit : « Si ce livre balbutiant que je ne considère plus comme mien refait surface, ce fut d'abord contre ma volonté… La fougue adolescente de l'auteur fera excuser ce que votre exigence et votre culture, lecteurs, voudraient que vous fustigeassiez et stigmatisassiez sous une plume plus aguerrie… On pardonnera donc à l'écrivain, parvenu à ce tournant du chemin où l'on en entrevoit le bout, de tendre la main à ce garçon que mes yeux fatigués ont tant de mal à reconnaître alors que pour eux décline le jour… »

La « boutique » de David Bourracha connaissait alors son heure de gloire. On venait le filmer dans ce quartier où la télévision ne plantait jamais ses trépieds, ce qui lui permettait d'aller courtiser des auteurs potentiels de bien moindre prestige mais qui faisaient florès dans les provinces boudées par le premier choix des écrivains à succès : les deuxièmes et troisièmes rôles de la télé, titulaires d'une émission dont la régularité entretenait chez ceux qui les croisaient une impression de déjà-vu qui mettait un nom sur le bout de la langue, et parmi ceux-ci les animateurs de jeux, les tourneuses mi-dénudées de roues de loterie, les défenseurs de la cuisine à la bonne franquette et les faire-valoir de grands chefs étoilés, et, par-dessus tout, le fringant présentateur ou la coquette présentatrice du bulletin météo qui avait l'insigne mérite de multiplier matin et soir les variations sur la pluie et le beau temps avec un entrain et un optimisme qui faisaient voir l'écran de la vie en rose avant l'énoncé des catastrophes naturelles et des drames humains qui suivait en général leur prestation. Le public sillonnant les allées des salons venait les reluquer et, sans vergogne, commentait à voix haute : « C'est bien lui (elle)… Je le (la) trouve mieux (moins bien) au naturel… Il (elle) fait plus vieux (vieille)… Il perd ses cheveux (elle s'est fait botoxer)… » Et de soupeser l'ouvrage dont les piles encore intactes découpaient l'homme ou la femme-tronc à hauteur du plexus comme faisait, à la maison, le socle du téléviseur, et de le retourner et le flairer comme, au marché, on jauge le mûrissement d'un melon, avant de le reposer et de détourner le regard d'un air gêné pour fuir l'achat auquel, mû par un soudain amollissement de la volonté, on était sur le point de succomber.

Mais ce Bourracha, brocanteur du livre, peu scrupuleux et volontiers cynique, trichant sur les tirages et les comptes, réglant une facture sur deux, et avec retard, se sentait atteindre à la vérité de sa vocation quand, de destins cabossés ou fracassés par le sort, il faisait confectionner des tragédies dignes d'Euripide, puisant ses héros et leurs « cas » dans les émissions de téléréalité devant lesquelles tout un chacun, ne sortant plus guère de chez soi, regardait avec effroi et fascination ce que, dans l'étroit donjon de son intérieur, la vie lui avait épargné, fier rescapé d'histoires qui ne lui réclamaient qu'une compassion de quelques quarts d'heure. C'était, violée par trois générations, la fille de ferme en butte depuis des années aux assauts et outrages de l'aïeul, du père et du fils, dans la laiterie où elle barattait le beurre à l'ancienne. C'était ce nourrisson trouvé jadis dans une poubelle d'une banlieue déshéritée, devenu major de Polytechnique et porté à la tête d'un réseau multinational de déchetteries ultramodernes. C'était, ébouillantée par son mari jaloux, l'énigme de la femme masquée qui tenait un magasin de farces et attrapes sur la Canebière et qui, chaque année, exhibait son visage brûlé pour Mardi gras. C'était ce multimillionnaire malchanceux tué le jour du tirage du Loto par une balle perdue devant la banque où il allait déposer son magot. C'était ce jeune kinésithérapeute malgache appelé à soigner la richissime héritière américaine saucissonnée dans sa suite du Crillon par des cambrioleurs indélicats, et qui l'épousa, sitôt ses hématomes estompés par le fond de teint. C'étaient les jumeaux polynésiens nés sans nombril à l'instar d'Adam et Ève. C'était, cinquante ans après la libération des camps, les retrouvailles à Berlin de l'ancien déporté marqué de l'étoile rose et de l'ex-kapo letton qui l'avait cravaché, nu, par un froid polaire, entre eux le bouleversant échange du repentir et du pardon, leur union par-devant pasteur et leur pèlerinage à Maïdanek en guise de voyage de noces. Etc. Ainsi l'édition ouvrait-elle un peu plus grand chaque jour, grâce à lui, ses fenêtres sur la vie comme elle va.

Ces tranches de destins servies bien saignantes mais chaudes, comme disent les amateurs de viande rouge dans les Hippopotamus, valaient à David Bourracha un flot ininterrompu de plis recommandés, de messages menaçants, de propositions de fous dangereux ou d'affabulateurs invétérés. Tous atterrissaient, sans qu'il en prît le moins du monde connaissance, dans l'espèce de seau hygiénique qui lui tenait lieu de corbeille à papiers. Parfois, lui-même disparaissait plusieurs jours d'affilée, m'autorisant tacitement à puiser, pour ma subsistance, dans la petite monnaie du tiroir-caisse d'épicier où il déposait le produit de ses ventes forcées aux clients de la blanchisserie mitoyenne, qui, par mégarde, se trompaient de porte et à qui il réussissait à fourguer un de ses invendus à parcourir pendant une ou deux lessives.

Jusqu'au jour où, découvrant les scellés apposés à l'entrée de la « boutique », je me retrouvai de nouveau à la rue. Hagard, le temps de reprendre mes esprits, je me réfugiai au Lavomatic voisin où je me laissai assourdir par le bruit de rotatives des essoreuses dont sortaient des rames de linge de maison d'où toutes traces des encres de la vie avaient disparu.

XXII

C'est en longeant la terrasse de l'Os à moelle, bordée de jardinières de géraniums dorés par l'été indien et censés dissuader d'approcher les derniers aoûtats et moustiques survivants, que je l'aperçus, seule à une table de deux couverts, le cheveu vermillon pendouillant de part et d'autre des tempes à l'instar d'un balai O'Cedar, fixant par-devant elle les bulles d'une bouteille de Châteldon comme elle l'eût fait d'une boule de cristal. Y avait-elle lu que j'allais passer à portée de voix ? Comme piquée à la nuque par un des rares insectes à zonzonner encore autour des ombelles vermeilles, elle redressa la tête, pivota à mi-corps et, sans manifester la moindre surprise, me héla :

– Tu manges ?

Le temps de me faufiler entre les tables déjà occupées pour m'asseoir à la sienne, Germaine Dubois avait replongé dans sa lecture de l'avenir qu'elle eût sans doute aimé mieux déchiffrer dans son Fernet-Branca du soir que dans les configurations mouvantes de l'eau minérale. Je mis à profit mon gymkhana entre les dossiers de chaises pour dévisager la clientèle d'habitués : gens de presse et de télévision, députés et sénateurs, éditeurs et écrivains – sûrs d'économiser là trois rendez-vous et une dizaine d'appels téléphoniques pour le prix d'un bar grillé au fenouil et d'un soufflé au Grand Marnier –, et même un ancien Premier ministre occupé à dénigrer son successeur d'une voix de stentor en quêtant l'approbation du maître d'hôtel et de la sémillante femme-tronc qui fouaillait en face de lui son filet de barbue au beurre blanc, en quête d'arêtes scélérates.

– Tu prends quoi ?

Elle-même était rituellement abonnée au steak tartare couvert de câpres, accompagné de frites qu'elle trempait dans le moutardier, et de feuilles de salade qu'elle écartait avec dégoût sur la nappe en papier : « Débarrasse-moi de tout ce vert. Je déteste l'herbe et tout ce qui me rappelle la campagne », grognait-elle à l'adresse du serveur, tout en s'employant elle-même à balancer la scarole dans les jardinières les plus proches.

Les paupières noyées de larmes à cause du Tabasco ou d'un chagrin encore inexpliqué, elle me confirma d'emblée, mais à sa manière – « Il a eu le trouillomètre à zéro, le con ! » –, ce que j'avais pressenti : on lui avait posé un lapin, et le coupable n'était pas n'importe qui, mais son auteur préféré, sa mascotte, son fétiche, son archichéri, la lumière de ses yeux, autrement dit cette nouvelle star du roman unisexe qu'elle avait « fabriquée de ses mains », répétait-elle en brandissant ses doigts entomatés, ce chevalier d'Éon des lettres postmodernes que les magazines s'arrachaient pour en faire leurs *covers*. Leurs campagnes d'affichage sur les kiosques le montraient à ski, aux Seychelles, nu sur un divan d'analyste, en training dans une salle de muscu, en deltaplane, inaugurant à Versailles sous une perruque Ancien Régime rose bonbon, au bras du tout nouveau ministre de la Culture, les petits appartements de la Reine remis à neuf. Il était tantôt fiancé, tantôt marié ou séparé, pacsé, enceint. Ou encore en pleurs, rebondissant, posant pour *Vanity Fair*, dans le peloton de tête des personnalités préférées des Français, entre un doux écolo et un judoka reconverti dans le rap, flirtant avec la fille du Président, et en sus de tout cela passant avec armes et bagages des Presses du Lendemain aux Éditions Roblochon, ainsi que l'avait signifié à Germaine un texto daté de la veille lui fixant rendez-vous à cette table où je me trouvais et concluant laconiquement par un « Je t'expliquerai ».

– Les ordures, renifla la directrice littéraire. Qu'est-ce que je vais faire, moi ?

Ce n'était pas une question. À voir la façon dont elle ruminait son tartare, je devinais qu'une décision avait déjà pris forme en elle, qu'elle attendait pour la formuler qu'elle fût devenue irrévocable ou, au contraire, reculait devant sa formulation pour ne pas la rendre telle.

Prise de salves d'éternuements, Germaine se mit à éclabousser de projections diverses toute l'étendue de la table, mais le serveur, sans doute accoutumé à ces intempéries, déposa obligeamment devant elle une pleine boîte de mouchoirs en papier dans laquelle elle puisa d'une main brouillonne.

Gêné, je détournai la tête, le temps qu'elle expectorât, râlât, mouchât, éructât, ramonât, épongeât, et prêtai l'oreille à la table d'à côté où un bellâtre aux mèches calamistrées et au sourire de piano exposait son plan média à une attachée de presse en pâmoison :

– Je suis allé trouver mon copain Richard aux *Intrupescibles* et je lui ai dit : « Rends-moi service, fais-moi un éreintement de première. » J'ai fait pareil avec une cousine à moi qui travaille à *Télémania*. Puis j'ai dit à Lasagne, qui publie aussi chez Carpaccio : « On va me descendre en flammes, fais un papier annonçant qu'on ne va pas me rater au tournant. » Après ça, je me suis fait interviewer à l'émission « Avec ou sans sucre », sur le thème : l'auteur le plus décrié de la rentrée. Là, j'ai joué le grand jeu de la persécution : mère juive, père bosniaque, pas de diplôme, trop beau pour être bon écrivain, un peu homo sur les bords, et tout le toutim. Victime et glorieux : ça marche au quart de tour…

Germaine avait récupéré un mégot de gitane maïs planté dans le beurrier et s'échinait à le rallumer avec son Cricket, en vain.

– T'as pas du feu ?

En rejetant la première bouffée, elle expira une interminable élégie sans queue ni tête, comme une autobiographie aux pages non foliotées jetée en vrac entre nos assiettes mi-entamées, parmi les restes de salade, le ramequin de câpres et la fiole de Tabasco. Il en ressortait que si Montgeron n'avait pas su garder Nicolas, son poulain à elle, c'est qu'il préférait les champs de courses à son écurie d'auteurs, qu'à force de publier des ratés à son image il allait faire s'effondrer sa maison et le toit lui tomberait sur la tête ; elle l'avait d'ailleurs jugé bon à rien depuis le premier jour, mais elle s'était crue capable de le changer, tout cela parce qu'il préférait Lamdsdorff, son mauvais génie, avec qui il passait ses vacances tantôt dans son manoir malouin, tantôt dans son riad à Marrakech, voire en croisière avec le fin du fin des rédacteurs en chef, tandis qu'elle, qui n'avait jamais pris la mer et encore moins l'avion, se farcissait le boulot. C'est ce qu'elle avait toujours fait, au demeurant, depuis que, jeunette et sortant de khâgne, nourrie de Kierkegaard et de Heidegger, elle avait débuté à *L'Aiguille à tricoter*, qui, à l'époque, se vendait dans les chaumières à plus de deux millions d'exemplaires – « Une paille, tu n'imagines pas le nombre de bonnes femmes qui se confectionnaient leur garde-robe sur leur Singer en suivant les patrons dessinés en pointillés et insérés dans le mensuel ».

Puis elle avait, à l'imprimerie, succombé à la faconde d'un jeune typographe qui l'avait fait passer de l'aiguille à la faucille et au marteau ; elle avait assisté aux funérailles de Thorez et fréquenté Jeannette, elle aurait dû faire le voyage de Moscou sans cette peur bleue qui la prenait dès qu'elle s'éloignait d'une heure de route de la capitale. Ensuite le jeune militant était devenu leader syndical, il lui avait vanté les mérites de l'union libre et elle s'était retrouvée à diriger dans son coin le Club du Livre prolétarien, chargée d'alimenter les caisses du Parti en fourguant aux encartés, à coups de traites à dix-huit mois, les éditos de Cachin, les discours complets du fils du Peuple et les œuvres théoriques des vénérés camarades soviétiques ; c'est comme ça qu'elle avait apporté en cadeau aux Presses du Lendemain la clientèle du Parti et la production de ses chefs – « il y a des fidélités qui paient, tu vois, François » –, et ça s'était perpétué même après son adhésion au gaullisme, sa migration comme éditorialiste à *La Croix de Lorraine* et sa conversion à la foi romaine sous l'influence d'un farouche dominicain. Cet esprit madré lui avait inoculé une terreur panique de l'Enfer dont elle voyait la fournaise flamber dans les yeux caves de son confesseur.

En définitive, elle avait trouvé bien pratique cette gomme à mensonges que constituait la pénitence hebdomadaire de quelques *Ave* ou *Pater Noster*, les genoux endoloris par la paille du prie-Dieu, et elle ne se privait pas de raconter des salades à longueur de journée aux auteurs, aux critiques, aux représentants, aux libraires et jusqu'à cet enculé de Montgeron qui la payait moins bien qu'il ne rémunérait Lamdsdorff, elle en était certaine, elle avait vu sa fiche de paie dans le bureau de M. Octave, le comptable, Lamdsdorff qui n'arrêtait pas de vouloir lui piquer ses auteurs, lui, avec son QI de palourde, bête comme un balai sans poils, non mais pour qui ils se prenaient, tous autant qu'ils étaient, y compris la Suzy qu'elle avait recueillie à sa sortie du cours Pigier et qui se faisait faire des cartes de visite de « conseillère d'édition » – « putain d'Adèle, et écoute-moi, le bouquet, la môme Roxane, la standardiste, tu te rappelles, elle a mis le grappin sur le vieux d'Avray et Madame a balancé sa démission à Montgeron avant de partir en voyage de noces, et cette pouffe à tu et à toi avec le faubourg Saint-Denis s'est mise à voussoyer tout le monde, y compris les magasiniers qui lui pelotaient le tafanard derrière le comptoir de gros, y a plus de hiérarchie ! »

Elle vida un plein verre de Châteldon en grimaçant, puis lâcha ce qu'elle avait si longuement hésité à dire à haute voix à elle-même plutôt qu'à moi, son confident de hasard :

– Maintenant je vais m'occuper de moi.

Fallait-il lui objecter qu'il était peut-être un peu tard ? Elle ne m'en laissa pas le loisir et enfonça le clou :

– Ça sera moi, la vedette.

Ses bajoues tremblèrent avant de lâcher comme un jet de lave brûlante :

– Et ces petits cons qui se croient arrivés, je vais les casser !

Sur ces mots elle avait rompu d'un geste sec son quignon de pain, projetant des miettes jusque sur les tables voisines.

– Tu vas voir : moi aussi, je sais me mettre aux enchères, et dès demain si je veux.

Elle avait soudain dit cela d'une petite voix enrouée, comme si cette perspective n'en était déjà plus une et que se mêlait à sa résolution l'angoisse de l'incertitude. Je compris que son propre transfert devait s'être conclu le matin même.

– Où ça ? lui demandai-je d'un ton que je voulais distrait, celui sur lequel je me serais enquis de ce qu'elle prenait comme dessert.

– Roblochon. Ils me voulaient. Plutôt que d'acheter les poussins un à un, ils préfèrent avoir la poule pondeuse.

Elle avait répondu cela en se rengorgeant, puis avait passé une langue épaisse entre sa lèvre supérieure et l'appareil dentaire mal jointoyé où s'étaient coincés des débris de câpres et d'échalotes, avant de se pencher et de récupérer à ses pieds le grand sac en croco où elle chercha à tâtons un bâton de rouge et la carte de crédit des Presses du Lendemain dont elle ferait usage une dernière fois en ma compagnie.

Je la suivis des yeux et la vis trotter sur ses jambes en bâtons de sucette vers la chapelle des Visitandines, à quelques pas du restaurant. Elle en ressortit au bout d'à peine deux *Ave*, laissa tomber dans le béret de l'éclopé, calé sur ses béquilles sous le porche, un billet plié en quatre qu'elle avait dû préparer sur son prie-Dieu, héla un taxi en maraude, s'y laissa basculer, et je la regardai filer, un bout de sa robe imprimée de pivoines coincé dans la portière.

Je ne la revis plus, hormis, quarante-huit heures plus tard, à la une de la plupart des magazines pour annoncer à grands frais son départ de chez Montgeron et sa nomination chez Roblochon comme directrice générale, puis à la télévision où, à sa nouvelle coiffure auburn et à son maquillage, on la devinait sortie des mains expertes d'un visagiste de chez Carita.

XXIII

– Il ne vous mangera pas, me dit l'assistante en me rattrapant gentiment par la peau du cou alors que, profitant de ce qu'elle avait le dos tourné, j'avais rebroussé chemin. D'ailleurs, voyez vous-même : sa porte reste ouverte en permanence, et il reçoit tout le monde.

Fallait-il prendre ce « tout le monde » en bonne part ? Du bureau voisin, comme en écho, retentit un rire qui n'en était pas un, comme si, au terme d'une conversation téléphonique, un excédent d'air était resté en deçà du larynx du patron des Éditions Vaujours et qu'il lui fallût l'expulser par cet accès d'hilarité sans cause, suivi du choc du combiné reposé sans ménagement sur son support.

Je m'enhardis à faire trois pas en avant. Une main ferme agrippa aussitôt la mienne et, sans la libérer, tout en la secouant sans plus de ménagement, me conduisit jusqu'à un fauteuil bas ; elle ne lâcha prise qu'une fois que je fus assis, puis, eût-on dit, reconduisit aussi impérieusement son propriétaire derrière la large et longue table de travail dont seule une maigre clairière, au centre, était vierge de papiers en piles, blocs, dossiers et parapheurs.

Réinstallé sur son siège pivotant, le souffle court comme après un effort soutenu, Ernest Vaujours esquissa un vague sourire, comme si sa prévenance, le soin qu'il avait mis à venir au-devant de moi, à m'accueillir et à me mettre à l'aise, avaient entamé sa propre assurance. Ne sachant apparemment plus quoi dire ni que faire, il croisa les doigts sous son menton et opta pour l'entrée en matière la plus commode et la moins engageante qu'il pût trouver :

– Racontez-moi.

Pigé par *Le Courrier des lettres* en vue d'un projet de supplément peu assuré de voir le jour, je n'étais pas venu lui raconter quoi que ce fût, mais le faire parler, lui dont on annonçait avec insistance le départ à la retraite au terme de près d'un demi-siècle d'une carrière prestigieuse, et je déployai sous ses yeux inquiets la liste de questions que j'avais préparée en interrogeant au préalable certains de ses auteurs, de ses collègues ainsi que de ses collaborateurs actuels ou anciens. D'un geste prompt et qui ne souffrait aucune résistance, il s'empara de ce canevas d'interview et, sans même le parcourir en diagonale, le plia en quatre et le coinça sous son coude tout en reprenant sa position favorite, le bout des doigts joints devant ses lèvres comme pour les empêcher de s'entrouvrir et de répondre à aucune de mes questions.

– Oui, racontez-moi, répéta-t-il d'une voix rendue à peine audible par le bâillon que formaient à présent ses paumes remontées sur tout le visage et le frictionnant comme pour en détacher ce qu'il y subsistait, depuis l'aube, du masque friable du sommeil.

Émergeant de la grille de ses dix doigts, son regard parut redécouvrir ma présence et il émit le même rire sans cause qu'avant mon entrée dans son bureau, dû probablement, lui aussi, à toute la réserve d'air qu'il s'était gardé d'expirer pour ne pas amorcer notre entretien ou, plus vraisemblablement, le clore avant qu'il n'eût commencé.

– Je ne suis décidément pas fait pour permuter les rôles, daigna-t-il expliquer. Au demeurant, voyez-vous, si je suis à cette place, et pas à celle des auteurs que je publie, c'est que je n'ai rien de bien intéressant à dire. Racontez-moi plutôt, vous, qui vous êtes, d'où vous sortez et ce que vous aimeriez faire de votre foutue vie.

Je voulus lui rappeler que je n'étais pas un auteur venu lui fourguer mon dernier manuscrit ou réclamer une avance sur un livre dont pas un mot ne serait encore écrit, mais il parut ne pas m'entendre et, de vagues relances en faux rires, j'eus l'impression que, sa main ferme ayant repris la mienne, il me conduisait à lui narrer, à peu de chose près, un résumé de ce que je viens d'enfourner dans ces pages, comme, avant de partir loin, on laisserait au garde-meubles un passé trop encombrant pour qui doit voyager léger.

Quand j'en eus terminé et alors que l'assistante était déjà apparue par trois fois sur le seuil pour le rappeler à ses engagements suivants, il replia une nouvelle fois mon questionnaire et le fourra dans sa poche :

– C'est chez moi une infirmité : je ne sais pas parler et réfléchir en même temps. Si le temps m'en est donné, je vous répondrai peut-être par écrit. Ou peut-être pas.

Ce fut peut-être oui. Une quinzaine de jours plus tard, alors que j'avais bouclé à la fois un bagage réduit au strict nécessaire et ce récit qu'il avait exigé que je lui confie, je reçus d'Ernest Vaujours la lettre ci-après, sur laquelle je souhaite clore mon manuscrit puisque, s'il en fut l'instigateur, je puis aussi me prévaloir d'avoir été, l'espace de quelques instants et de deux-trois feuillets, son éditeur à lui :

Cher François Thuret,

Vous avez sans doute deviné que vous étiez au moins le vingtième, depuis l'annonce de mon retrait, à venir me bassiner, pour je ne sais trop quel torche-cul, avec un interrogatoire passe-partout sur une vie dont je ne m'explique fichtre rien, qui ne m'intéresse pas outre mesure puisque j'en vois le bout, mais qui m'aura néanmoins plutôt amusé : on dit, n'est-ce pas, dans le cas d'espèce, qu'on n'a pas vu le temps passer.

Plutôt que de vous faire les réponses bien convenables et bien convenues qu'attend votre commanditaire, laissez-moi vous instiller un peu de l'insolence que j'avais à votre âge et, à la manière de Cyrano, vous souffler quelques-unes des questions plus ou moins vachardes qu'à votre place je me serais décochées à bout portant :

« On vous dit, sous des dehors affables, l'individu le plus méprisant qui soit : est-ce par crainte qu'un peu d'indulgence vous fasse soupçonner de manquer d'exigence, et de tirer autrui vers le bas, ou plus simplement parce que vous vous prenez pour un esprit supérieur ?

« Vos vieux amis vous disent solide, les plus jeunes vous font une réputation de dureté : vous faut-il être dur pour paraître solide, ou est-ce votre solidité qui vous fait paraître dur à moins installé que vous ?

« Les jeunes femmes disent que vous les tenez à distance et préférez la compagnie des vieilles ; les vieilles se plaignent que vous les délaissez : vous sentez-vous, entre hommes, en terrain mieux connu et donc plus sûr de vous ?

« Votre collègue Barnabé, avec sa trogne de maquignon au marché aux bestiaux de Brioude, a parlé de vous un jour, avec toute l'ironie dont il est capable, comme de "saint Vaujours" ; ce n'était pas pour afficher son anticléricalisme à la mode trois-points, ni le peu de cas qu'il fait des béatifications romaines, mais pour stigmatiser votre bonne conscience et vos postures dans tous les débats et combats où les principes, les libertés et les acquis de votre profession étaient mis en cause ; à votre avis, vous reprochait-il de faire la morale à tout le monde et à tout propos, ou bien votre façon altière de n'en pas faire dans un milieu où le dernier des gredins ne s'en prive pas ?

« Un de vos amis qui partage votre peu de goût pour les cocktails, dîners en ville et autres mondanités, s'étonne que non seulement vous acceptiez les décorations mais les arboriez ostensiblement : est-ce orgueil de "petit pauvre" ou vanité de petit-bourgeois ?

« Face aux dynasties encore régnantes dans cette petite fédération de fiefs que grignotent au fil des ans les grands empires multinationaux, vous vous flattez de votre qualité de roturier, voire de votre condition de mercenaire : est-ce pour mieux vous disculper de dilapider un argent qui ne vous appartient pas en publiant des titres tirant exclusivement leur prestige de leur caractère invendable mais vous parant de la coûteuse auréole de l'exigence et du sacrifice ? Si, à défaut de votre descendance, votre succession vous indiffère, que faites-vous de la continuité si malmenée, selon vous, par les gestionnaires à courte vue ?

« À l'un de vos actionnaires qui vous trouvait un peu trop prodigue de ses deniers, vous avez riposté qu'il voulait, l'ingrat, à la fois entretenir une maîtresse et qu'elle lui rapportât, qu'à ce train il n'avait qu'à la louer à la semaine, comme ces stars de cinéma qui se font octroyer un cachet pour manger avec grâce, mais du bout des dents, à la table des grandes négociations commerciales ; si l'anecdote est vraie, que vous a-t-on répondu ?

« Vous vous vantez de n'avoir jamais eu à solliciter d'amélioration de vos conditions de travail : est-ce parce que vous estimiez valoir moins que ce qu'on vous accordait, ou moins encore que les propositions qui vous étaient faites ailleurs, ou par indifférence à l'argent gagné au-delà de la satisfaction de vos besoins ? ou tout simplement pour pouvoir préserver un rapport de forces à votre avantage avec ceux qui vous employaient ?

« Invoquant les liens très spéciaux qui vous unissent depuis longtemps aux têtes d'affiche de votre catalogue, vous vous réservez les morceaux de choix et de roi, laissant à vos adjoints et subordonnés le soin de s'occuper de la "garniture", et vous leur faites reproche, après cela, que les équilibres économiques de votre maison reposent entièrement sur vos épaules : les considérez-vous sincèrement comme des assistés ?

« On dit aussi que vous ne dédaignez pas les "coups", mais, pour vous, les "coups" ne sont-ils pas les bonnes idées que les autres n'ont pas eues ou pas osé avoir, et l'aigreur des envieux ne donne-t-elle pas à vos yeux la mesure de leur pusillanimité ?

« Votre allergie farouche à l'hégémonie des industries culturelles américaines n'a-t-elle pas quelque chose à voir avec votre piètre connaissance de la langue de Faulkner ? À l'inverse, votre fascination pour l'érudition, y compris quand elle confine à la cuistrerie, n'a-t-elle pas à voir avec votre absence de diplômes universitaires ?

« On n'a pas oublié, à droite, vos anciennes publications teintées du rouge vif de l'extrême gauche, et on ne manque pas de remarquer, à gauche, l'esprit de provocation qui vous fit héberger de loin en loin de francs réactionnaires : en fait d'éclectisme, vous ne croyez à rien ?

« La presse vous crédite certes d'avoir révélé plusieurs Nobels étrangers, mais elle vous dénie les mêmes talents de découvreur pour ce qui est des auteurs français : y a-t-il, selon vous, deux littératures distinctes, commandant deux approches différentes, l'une hexagonale, l'autre universelle, ou bien est-ce la critique qui est atteinte de strabisme divergent ?

« On vous reproche par ailleurs votre goût ringard pour le style – qu'on ne désigne plus guère, avec condescendance, que comme le "beau style", comme on parle d'un "vieux beau" : à l'heure où l'encanaillement des langues est devenu l'un de leurs plus attrayants atours, et où, du fait de l'irruption et de la diffusion pandémique des nouveaux médias, la consommation d'histoires en discount a centuplé en l'espace d'un siècle, persistez-vous dans cette inclination à juger un écrivain sur la forme plutôt que sur ce qu'il a à raconter, qui a toutes chances de l'avoir déjà été ?

« Persistez-vous à penser qu'à vouloir descendre aussi bas que les autres médias, la littérature est sûre de perdre contre eux la bataille ?

« Un de vos confrères souligne, non sans quelque raison, que vous n'avez rien compris à l'essence de votre métier, qu'éditer n'est pas publier, qui est à la portée de n'importe quelle boîte de compte d'auteur, mais défendre ce qu'on diffuse dans le public ; dans le même sens, un autre dit non sans manier le paradoxe que vous vous acharnez à ne publier de bons livres que parce que vous ne seriez pas fichu de savoir en défendre de mauvais : où est le vrai ?

« Ceux de vos collègues qui prétendent ne jamais retoucher un texte d'un auteur – mais emploient volontiers, à cette fin, des cohortes d'esclaves, se gardant de gâcher leurs week-ends à rectifier une ponctuation ou rétablir la concordance des temps – disent que si vous vous coltinez si souvent ce labeur ingrat, c'est parce que vous êtes un écrivain rentré, ou frustré, ou raté : écrivez-vous en secret ? Tenez-vous un journal ?

« Combien de fois, par vanité, vous êtes-vous laissé avoir par un auteur recalé partout ailleurs, mais qui a su vous convaincre que vous seul auriez le courage de le publier en tournant le dos au conformisme et à la ladrerie des confrères ?

« Combien de fois vous êtes-vous laissé berner par les savants spécialistes, aguerris par l'expérience, des contrats empilés et des avances cumulées, des dépassements de frais, des entorses au pacte de préférence, des engagements souscrits à l'insu les uns des autres avec tous les éditeurs de la place ?

« Combien de fois avez-vous eu le sentiment d'avoir raison contre tous, répétant à l'envi que la réussite finit par couronner l'erreur poursuivie jusqu'au bout, ce qui vous a permis d'aggraver ou réitérer certains de vos échecs, et de n'y renoncer que la pointe des pieds au bord du gouffre ?

« Duquel de vos confrères, vivant ou mort, troqueriez-vous la carrière contre la vôtre ?

« Jureriez-vous que, si c'était à refaire, vous choisiriez encore aujourd'hui ce métier de préférence à tout autre ?

« Compte tenu des bouleversements qui menacent l'exercice de ce métier tel que vous l'avez toujours pratiqué, n'avez-vous pas le sentiment, en vous retirant, à cet instant précis, de déserter ? »

Etc., etc.

Je pourrais, cher jeune ami, prolonger indéfiniment l'exercice, au risque de passer pour masochiste, mais mes jours raccourcissent et je vous laisse le soin, si vous avez de votre côté du temps à perdre, d'imaginer les reparties possibles que j'aurais pu vous faire.

Il reste cependant une question que j'ai omis de vous suggérer et dont je garde pour moi la réponse : « Si vous n'étiez pas vous, aimeriez-vous être moi ? »

Un cordial adieu, puisque nous ne nous reverrons pas.

Vôtre,
E.V.

Postface

Tout ce qui précède, y compris la couverture de ce récit satirique, est, on l'aura compris, une fiction. J'appelle ici fiction le résultat de l'action de cette centrifugeuse à impressions et souvenirs qui, désintégrant ceux-ci, les réduisant à l'état de molécules, les brassant, les recombinant, fait que si beaucoup a pu être réel avant, *plus rien ne l'est,* après.

Autant dire que, selon la formule consacrée, toute ressemblance avec des personnes morales ou physiques, des situations, des sociétés, des œuvres existant ou ayant existé, serait ici fortuite et indépendante de la volonté de l'auteur.

Quant à l'auteur dont il est question, on comprendra, après l'avoir lu, que s'il a eu besoin, pour son propos, de mettre en scène un explorateur ingénu de nos tribus éditoriales et littéraires, il n'est pas dans ses intentions d'user d'un anonymat de pacotille, aussi peu couvrant que le manteau de Noé, pour susciter on ne sait quel teasing *de mauvais aloi et ne pas assumer la paternité de ce livre.*

Aussi bien signe-t-il :

Claude Durand

DU MÊME AUTEUR

LA NUIT ZOOLOGIQUE
Prix Médicis, Grasset, 1979

LE COUP DE GRÂCE
avec Jean Cayrol
Le Seuil, 1965

L'AUTRE VIE
Le Seuil, 1963

LE DROIT DE REGARD
avec Jean Cayrol
Le Seuil, 1963

LE BORD DE LA MER
Le Seuil, 1960

LE PLAT DU JOUR
Le Seuil, 1957

Composition IGS-CP
Impression CPI Bussière en mars 2010
à Saint-Amand-Montrond (Cher)
Editions Albin Michel
22, rue Huyghens, 75014 Paris
www.albin-michel.fr

ISBN 978-2-226-20839-2
N° d'édition : 19192/01. – N° d'impression : 100807/4.
Dépôt légal : avril 2010.
Imprimé en France.